児童虐待対応と「子どもの意見表明権」

一時保護所での
子どもの人権を保障する取り組み

［編著］小野善郎
薬師寺真

明石書店

はじめに

児童相談所は、子どもの意見表明（「意見を聴かれる子どもの権利」）を、どのように実現していくことができるだろうか。

日本では、子どもの養育責任の主体は親であり、その養育が最低限の基準を満たしていない疑いがあれば通告が法律上義務づけられ、児童相談所等の公的機関が介入する。そして虐待が疑われれば、本人の同意なしに調査を行い、疑いの段階であっても子どもの安全確保を理由に一時保護を迅速に実施することが推奨されている。一時保護という措置権の行使は、法改正によって年々容易になっているが、子ども自身の人生に大きな影響を与えるばかりか、スティグマになることさえもあるという事実について、児童相談所はきちんと向き合い、対策を講じることができているだろうか。

本シンポジウムでは、この問題に向き合うために子どもの視点に立って、子どもの意見表明権を軸に、子どもの権利がもっとも制約を受けるであろう一時保護について再考する。その意図は、子どもの最善の利益の確保のみならず、権利擁護に基づく相談援助活動を期待されている児童相談所がその役割を果たしていくために、現在の児童保護システムの中で子どもを権利の主体とする子ども観へ転換できるのかという可能性を探ることにある。そのためには、一時保護所を利用している子どもが、自身の置かれている現状をどのように理解しているのかという実態を知ること、児童相談所で子ども観について議論を深めること、相談援助の開始から終結まで子どもへ情報を提供し、子どもの意見を聴く仕組みをその内部に構築できるか検討を行うこと、そして子どもが自ら意見を発信できる環境とは何か検討を行うことが必要だと考える。

これは、二〇一八（平成三〇）年一二月に開催された日本子ども虐待防止学会第二四回学術集会（おかやま大会）における大会企画シンポジウム「虐待対応における子どもの意見表明権―子どもの視点で考える児童相談所と所内に配置される弁護士、精神科医のあるべき姿―」の趣旨説明の抜粋である。

その春、弁護士と児童相談所が共同して、大会企画シンポジウムを開催することとなり、協議を重ねて決定したのが、一時保護所を対象とした「子どもの意見を聴く」という子ども支援活動である。

児童相談所は、児童虐待の防止等に関する法律の施行に伴い、児童虐待への対応を本格的に開始し始めた二〇〇〇（平成一二）年頃から、それまでの地域に開かれた児童福祉の行政機関から、通告を受けて子どもを保護する行政機関へとイメージを一変している。その背景には、繰り返される子どもの虐待死の報道で、国民やマスコミの関心が、通告から安全確認、一時保護への手続きが適切になされたかどうかに集中し、国もそれに応えて次々と対策の強化を打ち出していることがある。

そうした一方で、親元から分離された子どもたちの暮らしが、どのようになっているのかには、必ずしも関心が払われているわけではない。そのような社会情勢は、児童相談所の活動がブラックボックス化していくことを是としていき、一時保護所はその象徴になっていると言っても過言ではない。その証拠に、全国の自治体に設置されている一時保護所の多くは、場所が秘匿され、地域住民はもとより、市町村や学校など、守秘義務を課せられている公的な関係機関の職員ですら、その実際を見ることが難しい施設となっている。

では、親元から離され、そこで暮らすことを余儀なくされている子どもたちは、一時保護所での暮らしの現状について、どのような意見を持っているのだろうか。誤解のないようにここで改めて説明するが、虐待通告によって一時保護されている子どもたちの願いは、子どもの支援に携わる大人たちに、親による虐待と呼ばれる行為を止めてもらい、地域で安定した暮らしを送りたいことであり、きょうだいや家族、友人やその他の親しい人たちと暮らしている地域から離されて、見ず知らずの場所での暮らしを強要されることではない。こうした子どもたちの願いを目の当たりにして、ともすれば子どもの最善の利益の実現という大義名分のもとに、より深刻な権利侵害にも発展しかねない現在の状況に対して、強い疑問と危惧を抱くようになったのが、本書を執筆している弁護士チームである。弁護士チームは、子どもの権利委員会に所属している児童相談所の非常勤弁護士たちである。彼らにはすでに、それ以前から一〇年近くにわたって、日常的に児童相談所の法的対応や研修等に携わってきた実績がある。

この弁護士チームと、岡山県および岡山市の児童相談所が協力して、一時保護所を対象とした「子どもの意見を聴く」という子ども支援活動が企画された。そして、一時保護の抱える矛盾について学びを重ねる中で、一時保護所と同様に、非自発的入院において、個人の自由や意志を制限する判断を行っている精神科医療から見える、意見表明や権利の課題の視点を加えるべく、精神科医で本書の共同編者である小野善郎先生の協力を得ることにした。小野先生は、長年にわたり児童相談所で児童青年期の精神科医療に従事した経験を持つ精神科医である。こうして、一時保護所を対象とした「子どもの意見を聴く」という、最も重要な子ども支援活動が始まっている。

私たちは、この子ども支援活動を始めるのにあたって、子どもから見た一時保護所の役割について、次の五つを前提とすることにした。

一　一時保護は、長く続く支援の入口である。

子どもたちは、一時保護所において、自分を最初に保護してくれる大人や支援をしてくれる大人、自分と似た境遇に置かれている子どもと、どのように出会い、どのような経験をするのであろうか。一時保護所での出会いと体験が、これから長く続く「支援」を印象づける。

二　一時保護所は、子どもの駆け込み寺である。

一時保護所は、単に施設や里親で不適応を起こした子どもが、自身の意に反して送られてくる場所であってはならない。施設や里親が子どもの権利を侵害した場合、それを訴えてくる「駆け込み寺」のような場所を目指すべきである。

三　一時保護所は、快適な環境であるべきである。

一時保護所が、子どもの権利を過度に制約するような劣悪な環境であれば、子どもを保護する児童相談所職員が一時保護を躊躇することになりかねず、結果として子どもの安全が脅かされることにつながる。制度の不備が、そのような逡巡状態を生んではいけない。一時保護所の環境は、児童相談所職員を含む、子どもの支援に携わる大人たちが、自分自身やわが子を安心して任せられる場所になっているのかという視点で、その在り方を見直していく。

四　一時保護の目的は、子どもの安全確保（緊急保護）と状況把握（アセスメント）である。

一時保護の目的には、代替養育の代替、処遇待ち、施設の空き待ちという要素は挙げられていない。また、被害を受けた子どもと加害を行った子どもが一緒に過ごすことがあってはならない。

五　一時保護所での暮らしは、一分一秒でも短くする。

一時保護所は、人権を制約する機関という側面がある。一時保護が長期化すれば、それが子どもにとって良かったのか、悪かったのかという議論を引き起こす。

本書では、二〇一八（平成三〇）年から岡山県および岡山市の児童相談所で試行的に行っている弁護士による一時保護所を対象とした「子どもの意見を聴く」活動を中心に、児童福祉および精神医学の立場からの議論も加えて、子どもの視点に立った児童相談所の役割を検討する。

子どもの虐待死による社会的関心の高まりを背景に、児童相談所の「機能強化」が進められ、これまでの児童福祉司や児童心理司の増員などに加えて、弁護士や医師などの専門職が積極的に関与する制度に移行しつつあるが、その具体的な役割については議論が遅れている。介入と支援の狭間で葛藤し続けている児童相談所において、専門職としての立ち位置も両価的にならざるをえないが、子どもの権利の視点から児童虐待を再考することで、児童相談所の果たすべき役割の方向性を提唱する。

今年（二〇一九年）は、子どもの権利条約が国連総会で採択されて三〇周年、日本が同条約を批准して二五周年の節目の年に当たる。私たちは、この節目の年を、子どもの支援に携わる大人が、子どもの意見から学び、子どもと共に、子どもを中心とした児童福祉施策へと転換していくためのスタート地点にしたいと考えている。本書は、そのための第一歩である。

薬師寺　真

目次

第三章　児童相談所の葛藤　49

第三部　一時保護児童の意見聴取の実践と課題

第一部　児童相談所の児童虐待対応

第一章　あらためて児童虐待とは何なのか

1．常識としての「児童虐待」

児童虐待は今日の児童福祉の最大のテーマであり、児童福祉のリソースの多くが児童虐待対策につぎ込まれ、その最前線の機関である児童相談所は昼夜を問わず寄せられる虐待通告への対応に追われ続けている。児童相談所が対応する児童虐待相談件数の増加は、児童虐待という問題が専門家や関係機関だけでなく、社会一般に認知され浸透してきたことも反映している。加えて、悲惨な虐待による死亡事例がメディアで取り上げられ、国会でも議論されることで、児童虐待は社会問題として関心を集めている。

メディアへの露出が増えたことで、すでに「児童虐待」という言葉を知らない人はほとんどいなくなり、報道においてもいちいち「児童虐待とは」という解説を加えることもなく議論が進められるようになるまで、児童虐待の概念について国民のコンセンサスが形成されているように見える。専門分野や立場によって児童虐待の概念や定義、課題に違いがあったとしても、少なくとも社会問題として議論される児童虐待の認識には大きなズレはなく、センセーショナルな虐待報道にすべての国民は心を痛め、法改正を含めた具体的な施策が迅速に行われるようになった。

しかし、なんとなく児童虐待をイメージすることはできても、何が児童虐待に相当し、何がそうではないのかを明確に説明することは簡単ではない。児童虐待は不適切な子育ての極端な例といえるが、安易なコンセンサスだけで児童虐待を扱うことで、必要以上に親子が引き離され、子どもの育ちに重大な影響を残したりすることにも注意しなければならない。常識的な「ふつう」を基準とすることで児童虐待は理解しやすくなるが、そもそも曖昧な「ふつう」にもとづいて親や子どもの権利を制限するような虐待対応が行われるとすれば恐ろしいことである。

しかし、毎日のように報道される虐待事件と、公式な統計として公表される虐待件数の増加は、児童虐待が現在いかに深刻な状況にあり、強力な対策を急がなければならないという世論をかきたてるには十分すぎるものがある。もはや「児童虐待とは」という原則論のような議論をしている場合ではなく、とにかく具体的な虐待防止策を求める風潮の中で、児童虐待の概念や定義の議論が置き去りにされようとしている。

しかし、児童虐待への対応をめぐって、児童相談所の権限が強化され、保護者や子どもの権利を制限することもあるとすれば、まずは児童虐待を正しく理解することが前提になるのではないだろうか。結論を先取りするなら、残念ながら近代における児童虐待への取り組みにおいて、いまだかつて児童虐待は明確に定義できていない。明確に定義できなくても、子どもを虐待から守らなければならないのも事実である。それでも、子どもの福祉のために児童虐待問題に取り組むためには、現在のコンセンサスに安易に流されることなく、また専門家の権威や常識に頼ることなく、冷静かつ謙虚に向き合うことも求められる。

2．定義の限界

児童虐待を明確に定義できなかったとしても、児童虐待を防止し、虐待を受けている子どもを保護するためには、何が児童虐待であるかを明文化しなければ、必要な対応を行うことはできない。とくに、実際の児童虐待への介入においては、子どもの処遇をめぐって保護者と対立的になることや、権利を制限することもあるため、法律をはじめとする制度的な定義は不可欠となる。公権力や司法判断が入り込むような介入ではなおさらである。

わが国では、一九三三（昭和八）年に児童虐待防止法が制定され、児童虐待は「児童を保護すべき責任ある者児童を虐待し又は著しく其の監護を怠り因て刑罰法令に触れ又は触るる虞ある場合」と定義された。この法律は軽業、曲馬、芸妓、酌婦などの特殊な児童労働の禁止が前面に出ているものの、基本的には現在とほぼ同じ児童虐待の概念に基づいた立法理念を有していた（吉見、二〇一二）。

この法律は戦後新たに制定された児童福祉法に吸収されることで廃止され、児童虐待についての記述は法律から姿を消し、「要保護児童」の中に含められて児童福祉の対象とされた。その後、児童虐待への関心が高まり、より効果的な対応が求められるようになったことから、二〇〇〇（平成一二）年に児童虐待の防止等に関する法律が制定され、この中に児童虐待についての定義が盛り込まれた（法制の詳細は第二部を参照）。

児童虐待の防止等に関する法律二条では、「児童虐待」とは「保護者（親権を行う者、未成年後見人その他の者で、児童を現に監護するものをいう。以下同じ。）がその監護する児童（十八歳に満たない者をいう。以下同じ。）について行う次に掲げる行為をいう」と定義され、具体的な行為として以下の四項目が示されている。

一　児童の身体に外傷が生じ、又は生じるおそれのある暴行を加えること。

二　児童にわいせつな行為をすること又は児童をしてわいせつな行為をさせること。

三　児童の心身の正常な発達を妨げるような著しい減食又は長時間の放置、保護者以外の同居人による前二号又は次号に掲げる行為と同様の行為の放置その他の保護者としての監護を著しく怠ること。
四　児童に対する著しい暴言又は著しく拒絶的な対応、児童が同居する家庭における配偶者に対する暴力（配偶者（婚姻の届出をしていないが、事実上婚姻関係と同様の事情にある者を含む。）の身体に対する不法な攻撃であって生命又は身体に危害を及ぼすもの及びこれに準ずる心身に有害な影響を及ぼす言動をいう。）その他の児童に著しい心理的外傷を与える言動を行うこと。

一般的に、一は身体的虐待、二は性的虐待、三はネグレクト、四は心理的虐待と呼ばれているものに相当し、現在広く認められている児童虐待の態様についてのコンセンサスと一致している。法律に明記されたことで、児童虐待という「違法行為」が存在することが認められたことにはなるが、これらの記述のみで児童虐待が理解できるものではなく、ましてや「違法行為」として対応する判断の基準とするには、あまりにも具体性に乏しい。いわゆる理念法として保護者が努力するべき指針にはなっても、この定義に基づいて権利の制限をするにはけっして十分なものとはいえない。

しかし、そもそもこの法律は虐待を行った保護者を処罰するためのものではなく、虐待が疑われる児童を発見したときに、速やかに通告することを促すことを目的としたものであるので、虐待行為を厳密に規定するのではなく、より広い概念として示すことが理にかなっている。実際に、この法律が施行されて以降、虐待通告が急速に増加していることは、まさに法律の理念が社会に浸透したことを実証している。そして、この概念こそが現在の児童虐待の社会的コンセンサスの基本になっている。

しかし、法律上の定義をもって児童虐待を理解するには慎重でなければならない。実際の児童虐待の背景にはさまざまな要因（たとえば、社会的孤立や貧困など）があり、児童虐待の概念にはそれも含まれている。結果としての保護者の行為のみで虐待を定義するとすれば、それはまさに刑法の構造と変わりがなくなり、違法行為に対する処罰が前面に出てくることにならざるを得ない。殺意をもって子どもを殺害した親に刑事罰を求めることは当然であったとしても、子育て支援が必要な「虐待者」にも同じ対応でいいのだろうか。結果だけで虐待を定義すれば、「虐待者」というスティグマを強調し、世間のバッシングを正当化するだけになりかねない。

行為としても、程度においても多様性が著しい児童虐待を、わかりやすく定義することは不可能であり、ときに重大な有害性すらある。幸いにも、法律には「解釈」の余地が残されているので、字義通りに受け止めるのではなく、法律の理念を鑑みて理解することで、有用な運用が期待できる。ここでもやはり法律の条文だけで児童虐待を理解することには慎重でなければならない。

3. 児童虐待概念の源流

児童虐待は目新しい現象ではなく、有史時代の始まりまで遡って子どもがさまざまな形態で不当に扱われてきた事実が認められるが、子どもの過酷な体験が児童虐待という問題として認識されたのは、子どもの権利と福祉に関心が持たれるようになった一九世紀中ごろになってからであった（ジェルズ、二〇〇九）。日本でも明治中期ころから「貰い子殺し」や「継子いじめ」が児童虐待として社会問題になり、明治三〇年代になると「実子」に対する酷い扱いも取り込まれ、子どもが家庭内で酷い扱いを受けていることが虐待と認識されるようになった（高橋、二〇一三）。

児童虐待は、虐待されている子どもを見つけて保護する取り組み、つまり児童保護活動が誕生したことで、新たに概念化されて理解されるようになった。その発端となったのは一八七五（明治八）年にニューヨークに設立された民間の児童虐待防止協会で、すぐに全米各地やヨーロッパにも児童保護活動が拡がり、児童虐待への社会の関心が高まった。しかし、当時の児童保護活動では、児童虐待だけではなく、孤児や浮浪児、非行少年などの保護も積極的に行っており、現在とは様相が違っていた。

アメリカで始まった児童保護の取り組みは二〇世紀初頭には日本にも伝わり、原胤昭をはじめとする社会事業家たちが虐待防止事業を行い、欧米の児童虐待の概念と取り組みが紹介され、帝国議会での児童虐待防止法の制定につながった（下谷、二〇〇五、上野、二〇〇六）。日本では虐待防止協会が定着することはなかったが、欧米と同じように、児童虐待は貧困や社会的混乱をベースとした社会問題であり、それに対する保護・救済制度がなかったことから、社会運動として児童虐待に関心が持たれ概念化された。

今日の児童虐待の概念と児童保護制度の原点となったのは、一九四〇年代からの医学による児童虐待の再定義であった。エックス線検査が臨床に応用されるようになって、小児放射線科医たちが、頭蓋内出血の一種である慢性硬膜下血腫が見られた乳幼児に、手足の骨にも新旧の骨折の跡を見つけ、その不自然な所見から親による加害を疑うようになり、一九六二年に「被虐待児症候群 Battered-Child Syndrome（BCS）」という用語で医学的な症候群として発表された（Kempe et al., 1962）。

BCSは医学界だけでなく、社会的にも大きな注目を集め、全米で児童虐待防止キャンペーンが繰り広げられた。医学による児童虐待の定義は、それまで多分に心情的で曖昧だった児童虐待を、科学的・客観的に診断可能なものにすることで、今日の児童虐待概念の理論ベースを形成した。児童虐待が合理的に定義されたことで、アメリカではただちに児童虐待通告制度が法制化され、一九六三年から一九六七年までの五年の間に全州で制定された（Thomas Jr, 1972）。

BCSによる児童虐待の再定義のポイントは、親による作為または不作為というように、親の行為として概念化されたことであった。もともとBCSは身体的虐待のみに限定した報告であったが、虐待通告の法制化の議論の中で、児童虐待の定義は現在のネグレクト、性的虐待、心理的虐待を加えた四型に拡大し、多くの州では医師や教師などの専門職に通告義務を課したことで、虐待通告は急増し、児童虐待は制度的に完全に定着した。

一九世紀の虐待防止協会による児童保護の取り組みと同様に、ＢＣＳに始まる二〇世紀の虐待通告制度を起点とした虐待防止運動も、いずれも児童虐待を発見して保護することが目的であったことを踏まえれば、児童虐待の概念と定義はより広いものになったのも無理はない。手遅れにならないうちに子どもの命を守り、再虐待を予防していく児童保護の取り組みは、必然的に児童虐待の概念の拡大をもたらした。

一九七〇年代の児童虐待の臨床と研究が盛んな時期にアメリカに留学した医師たちが、すでに医学的に認知された児童虐待という症候群を持ち帰り、疫学的調査や虐待防止活動を始めたことで、わが国でも児童虐待が再認識されるようになった（池田、一九八七）。その結果、現在のわが国の児童虐待の概念と定義もＢＣＳを源流としたものであり、つまりは児童保護制度の中での児童虐待の概念と定義といえる。

4．二つの児童虐待

このように、現在の児童虐待の概念と児童保護の取り組みは、一九世紀の後半に始まり、二〇世紀半ば以降に医学によって再定義され、広く社会に普及してきたことが読み取れるが、かならずしも児童虐待の概念が世紀を越えて一貫していたわけではない。児童虐待に対する大衆の態度は、その時代の子ども観や福祉の理念によって変わるものであり、同じ「児童虐待」といってもその意味やニュアンスに違いが生じるものである。

現在、児童虐待は英語で child abuse and neglect または child maltreatment と表記されるが、BCSによって児童虐待が再定義される前の二〇世紀中ごろまでは cruelty to children が一般的であった。abuse や neglect という表現はどの時代にも見られるが、少なくとも児童福祉や児童保護の文脈では child abuse ではなく cruelty to children が用いられてきた。世界に先駆けて一八七五（明治八）年に設立されたニューヨーク児童虐待防止協会は New York Association for the Prevention of Cruelty to Children であり、終戦後の日本政府の連合軍総司令部への報告書の中で児童虐待防止法は Law concerning the prevention of cruelty to children と英訳されている（Children's Bureau, Ministry of Welfare, Japanese Government, 1951）。少なくとも、一九五〇年代までの児童虐待は cruelty to children であったことがうかがわれる。

cruelty to children は、子どもへの残酷［残虐］な行為という意味で、行為に対する心情（同情、憐憫）が伴っている。この表現からは、酷い仕打ちを受け、過酷な生活を強いられている子どもに対して人々が感じる「ひどい」「かわいそう」という気持ちが伝わってくる。それは人々の涙を誘い、なんとか助けてあげたいという救済願望につながり、それが児童保護活動の原動力になったのではないだろうか。

それに対して、child abuse and neglect は、親の作為／不作為（act of commission/omission）と

説明されるように、親の行為を表現したもので、子どもは行為の対象にすぎず、あくまでも親側の問題というニュアンスが強い。abuseには行為者の意図（作為）が伴い、人々に行為者への怒りを誘発し、親の責任や処罰に関心が向けられやすい。それはほぼ同義で用いられるmaltreatmentも同じで、abuse（乱用、悪用）ほど非難的ではなかったとしても、不適切な処遇という意味は、親の行為に焦点が当てられている点でabuseと変わらない。

実際の児童虐待への対応は、法令に基づいて行われるので、用語のニュアンスだけで変わるものではないが、社会の児童虐待に対するコンセンサスには大きな影響があり、それが世論を形成し、施策にも反映することを考えれば、単なる言葉の問題ではすまされない。すでに述べたように、児童虐待を明確に定義することはできないが、少なくとも児童虐待は子どもの体験に基づく概念なのか、親の行為に基づく概念なのか、どちらの立場をとるのかで大きな違いが生じてくる。現在の児童虐待の概念は、親の行為に基づくabuseであり、子どもの心情が切り捨てられてしまったようにも思われる。

二〇一八（平成三〇）年三月、十分な食事を与えられず低栄養状態で死亡した船戸結愛ちゃん（五歳）が書き残した「ママ　もうパパとママにいわれなくても　しっかりじぶんから　きょうよりか　あしたはもっともっとできるようにするから　もうおねがい　ゆるして　ゆるしてくださいおねがいします」（産経新聞、二〇一八）という文字は、社会全体に非情な親への怒り以上に、子どもがどんなにつらい思いをしたのか、苦しかったのか、そこに同情する気持ちを掻き立て、人々の涙を誘った。児童虐待が人々の心に訴えるのは、いつの時代も怒りよりも涙ではないだろうか。

5．児童虐待の本質

現在の児童虐待の概念は、一九六〇年代の医学的定義に由来するもので、その合理性と説得力が児童保護制度の発展に寄与してきたことは間違いないが、その一方で、その合理的な還元主義によって児童虐待のいくつかの重要な要素が失われてしまったことも否めない。子どもの主観的な体験や感情もそのひとつである。親の行為にもとづく児童虐待の概念においては、子どもは親の行為の対象であり、対立的な虐待対応では親の虐待行為を立証するもっとも重要な「証拠」となることで、いつのまにか子どもの気持ちが置き去りにされていることもある。その典型が、司法手続きのための一時保護の長期化である。

昨今の児童虐待相談対応件数（児童虐待の実数ではなく、児童虐待が疑われた件数であることに注意）の急増は心理的虐待に関する相談の急増によるものであるが、目に見える損傷や異常がない、つまり「物証」のない事例にまで児童虐待の概念を拡大させたことで、心理的虐待は児童虐待相談対応件数を飛躍的に増加させる要因になった。子どもの主観的体験や感情を切り捨てた児童虐待の概念の下で、心理的虐待が圧倒的な存在感を示すようになったのは皮肉なことである。

しかし、児童虐待を心情的に見る cruelty の視点に立てば、そもそも心理的な苦痛のない児童虐待はあり得ない。合理的な abuse の視点では、「作為―不作為」と「身体的―心理的」の二次元の理論的枠組みから心理的虐待・ネグレクトを操作的に定義することはできても、実際には純粋に身体的な虐待はありえない。たとえば、性的虐待は性被害によって定義されるが、脅しや侮辱のような心理的な被害が非常に大きいことが知られている（小野、二〇〇八）。つまり、心理的虐待の要素がない児童虐待はあり得ず、すべての児童虐待は心理的虐待といってもいいくらいである（小野、二〇〇七）。それでもなお心理的虐待を独立した分類とすることは無意味であるばかりか、児童虐待の概念を歪めてしまう危険すらある。

残念ながら、児童虐待をどのように定義したところで、児童虐待が存在することは事実であり、そこから目を背けることはできない。しかし、いつの時代においても、子どもが「残虐行為」や「虐待」によって侵害されるのは、当たり前に生きる権利、すなわち子どもの人権である。そして、そもそも子どもの権利や福祉への関心が高まったことで児童虐待という問題が認識されてきたことを踏まえれば、児童虐待の本質はまさに子どもの人権の深刻な侵害であることは言うまでもない。大人の世話を受けられないことや労働搾取、物乞いをさせられたり見世物にされたりするような可視的な人権侵害だけでなく、すべての児童虐待は明白な子どもの人権侵害である。

児童虐待の歴史が示しているように、虐待の概念と定義は子どもの人権意識のレベルによっても変わる相対的なものであるとすれば、子どもの権利条約が採択される以前の一九六〇年代の概念は、現在の子どもの人権意識のレベルに合わせてアップグレードされなければならないはずである。もはや合理的でドライな定義だけを頼りに児童虐待に対応する時代ではなく、これまで以上に子どもの人権を意識した新たなステージに発展しなければならない。

たしかに、子どもに起こっている出来事としては、現在の児童虐待の定義に実用的な問題がなかったとしても、児童虐待が子どもの人権への深刻なダメージであるとすれば、子どもの保護とケアにおいて子どもの権利に最大限の配慮をするのは当然のことである。児童虐待への対応が子どもの福祉を目的とするものである以上、児童虐待はただ単に親の行為としてだけではなく、子どもの心情も含めた体験として理解することが重要である。

文献

池田由子『児童虐待―ゆがんだ親子関係』中央公論社、一九八七年
上野加代子「児童虐待の発見方法の変化―日本のケース」（上野加代子編『児童虐待のポリティックス』明石書店、二四五―二七三頁、二〇〇六年）
小野善郎「子どもの心理的虐待の概念・定義と精神医学的意義」（『児童青年精神医学とその近接領域』四八巻一号、一―二〇頁、二〇〇七年）
小野善郎「子ども虐待の発達的影響」（齊藤万比古、本間博彰、小野善郎編『子ども虐待と関連する精神障害』中山書店、三七―五八頁、二〇〇八年）

Kempe C. H., Silverman F. N., Steele B. F., Droegemueller W., & Silver H. K. "The Battered-Child Syndrome," *Journal of the American Medical Association*, 181, 17－24, 1962.
『産経新聞』二〇一八年六月七日付朝刊
下谷さや子「明治期における児童虐待問題の構築と子どもの権利思想」(『社会福祉学』第四六巻第一号、三一一五頁、二〇〇五年)
ジェルズ、リチャード・J・「子ども虐待―概観」(ロビン・E・クラーク、ジュディス・フリーマン・クラーク、クリスティン・アダメック〔編〕、小野善郎、河崎二三彦、増沢高〔監修〕『詳解子ども虐待事典』福村出版、ix―xxxiii頁、二〇〇九年)
高橋靖幸「明治期における「児童虐待」の社会構築」(『子ども社会研究』一九号、九一－一〇四頁、二〇一三年)
Children's Bureau, Ministry of Welfare, Japanese Government. "Outline of child welfare works in Japan." Modern Military Records LICON, Textual Archives Services Division, National Archives at College Park, 1951.
Mason P. Thomas Jr. "Child Abuse and Neglect Part I — Historical Overview, Legal Matrix, and Social Perspectives." *North Carolina Law Review*, 50 (2), 293－349, 1972.
吉見香「戦前の日本の児童虐待に関する研究と論点」(『教育福祉研究』第一八号、五三－六四頁、二〇一二年)

第二章　現在の児童相談所の課題

1．児童虐待対応の基本的枠組み

現在の児童虐待への対応は、主として二〇〇〇（平成一二）年に施行された児童虐待の防止等に関する法律（以下、児童虐待防止法）に基づいて行われており、その六条にある「児童虐待に係る通告」が起点となっている。「児童虐待を受けたと思われる児童を発見した者は、速やかに、これを市町村、都道府県の設置する福祉事務所若しくは児童相談所又は児童委員を介して市町村、都道府県の設置する福祉事務所若しくは児童相談所に通告しなければならない」とあるように、児童虐待対応の入口は、基本的には市町村、福祉事務所、児童相談所の三ルートがあり、直接あるいは児童委員を介して通告することで具体的な対応が始まることになっている。

しかし、市町村や福祉事務所への通告は、当該児童の安全を確認したうえで、必要におうじて児童相談所に送致したり、一時保護が適当であることを通知したりするなど（八条）、子どもの保護や保護者への対応が必要な場合は、児童相談所に委ねる形になっているので、最終的には児童相談所が児童虐待の対応の場となるような枠組みになっている。そのため、児童相談所は児童虐待対応においては中心的な役割を果たすことになり、最終的な責任を持つことになる。

児童虐待防止法は児童虐待を発見し、子どもを保護するための基本的な法律であるが、そこでの通告とその後の対応の方法は、すべて児童福祉法における要保護児童の保護措置（二五条）と共通したものであり、児童虐待防止法は要保護児童への対応の枠組みをあらためて「児童虐待を受けたと思われる児童」に適応している形になっている。ただし、児童虐待防止法には、当該児童の安全確認や、保護者への出頭要求、立入調査や臨検、捜索など、児童保護のための規定が加えられている。

児童虐待防止法や児童福祉法による対応に加えて、最近では警察による対応が急増しており、児童虐待防止の網は大きく広がってきている。二〇一五（平成二七）年度以降は、配偶者間暴力の事件で子どもがいる場合には、心理的虐待（いわゆる面前DV）と判断されて、原則的に全件児童相談所に通告するようになり、児童相談所の児童虐待相談対応件数を大幅に増やすとともに、種別ごとの件数で心理的虐待が半数以上を占めるようになった。しかし、警察が覚知した児童虐待についても、児童相談所に通告することで対応されることになるので、あくまでも児童虐待の対応は児童相談所が担っていることには変わりはない。

また、児童虐待防止法では、教職員、医師、歯科医師、保健師、助産師、看護師、弁護士、あるいは児童福祉に関係する者について、児童虐待の早期発見に努めなければならない努力義務を課していることで、学校や医療機関などからの虐待通告も増加している。これらの通告についても、そのほとんどは児童相談所で対応される制度になっているので、児童相談所はおびただしい数の児童虐待相談に対応しており、関係機関だけでなく社会全体からも児童相談所は児童虐待の専門機関としてすっかり定着している。

しかし、日本の児童相談所はアメリカの虐待通告を受理して対応している児童保護局（Child Protective Services［CPS］）とは異なり、児童虐待対応だけに特化した公的機関ではない。ともすれば児童相談所はCPSと同一視されがちであるが、あくまでも児童福祉の専門機関であり、児童虐待だけでなく児童に関するあらゆる相談に対応するために、児童福祉法に基づいて都道府県等が設置しているもので、児童虐待防止法の規定による機関ではない。つまり、日本の児童虐待対応は児童福祉の一部であり、その対応の基本は児童虐待であっても一般的な子育ての相談と同じ枠組みで対応している（小野、二〇〇四）。児童虐待防止法によって通告しても、そこからの対応は児童福祉法に基づく児童福祉の支援なのである。

このように、日本には児童虐待に特化した専門機関はなく、あくまでも児童福祉の中で児童虐待の防止、子どもの保護、ケア、家族支援が行われている。現実的には、児童相談所の職員の労力のほとんどが児童虐待相談への対応に注がれているが、児童相談所の業務は虐待への対応だけではない。一三万件を超える児童虐待相談対応件数が注目されるが、児童相談所全体の相談件数は四六万件であり、件数ベースでいえば児童虐待以外の相談件数のほうが圧倒的に多い（平成二九年度福祉行政報告例、詳略は五三頁、図3－2を参照）。

児童虐待防止に向けた体制が強化されてきているが、それでもなお児童福祉の枠組みの中での対応であることには違いはない。どんなに介入機能が強化されたとしても、児童相談所が警察のような捜査機関になるわけではなく、職員に逮捕権があるわけでもない。この児童福祉としての児童虐待対応という枠組みは、戦前の旧児童虐待防止法のときから八〇年以上一貫している。

2．児童相談所の相談援助のしくみ

児童相談所は児童福祉法に基づいて都道府県と政令市が設置しているほか、中核市も設置することができる児童福祉機関である。もともとは「児童に関する万般の相談に応じること」が目的であったが、二〇〇四（平成一六）年の児童福祉法改正によって児童家庭相談支援は市町村が担うことになり、児童相談所はより専門的な対応が求められる事例を扱う役割を担い、市町村の児童家庭相談を専門的・技術的に支援するとともに、児童虐待相談のような複雑困難な事例を扱う位置づけになった。しかし、相談支援の対象となる問題については、従来どおりであり、相談種別の分類に変更はない。

児童相談所は、相談内容によって、養護相談、障害相談、非行相談、育成相談、その他に分類され、児童虐待相談は養護相談に含まれる。相談内容は時代によって変動があり、昭和三〇年代には非行相談が多かったが、現在では児童虐待相談が急増したことで、養護相談がもっとも多くなり、非行相談は非常に少なくなった。いずれにしても、児童相談所が対応する問題は多様であるが、それぞれの相談を受け付けてから援助までのプロセスは相談種別にかかわらず共通している。

児童虐待の通告についても、養護相談（児童虐待相談）として受理され、基本的にはその他の相談と同じプロセスで相談援助が行われる。ただし、虐待通告については緊急性を要するものもあるため、当該児童の安全確認や緊急受理会議での受理など、特別なプロセスが加わることがある。保護者による子どもに対する人権侵害である児童虐待においては、まずは保護者から子どもを守るための手続きが必要となる。

児童相談所の相談援助の方法や手続きについては、厚生労働省が発出する「児童相談所運営指針」にくわしく記載されている。児童虐待への対応の強化のために法令が改正される度に運営指針も改定され、その時点での法令との整合性が確保されるようになっているが、児童相談所の相談援助の方法については一九五二（昭和二七）年以降、ほぼ同じものが継承されており、児童虐待についてもこの方法で対応される。

すべての相談は、受理―調査―診断―判定―援助指針（援助方針）―援助の実施という流れにそって処理される。このうち、調査―診断―判定のプロセスが、児童相談所のもっとも中核的な機能で、児童福祉司による調査をベースにした社会診断、児童心理司による心理診断、医師による医学診断、一時保護した事例では行動診断も加わり、これらの診断をもとに判定会議で総合診断を行い、それにもとづいて援助指針（援助方針）が作成される。多分野の専門職による診断を総合して援助を行う相談支援モデルは、児童相談所の専門性の土台ともいえる。

児童相談所は児童福祉の専門機関であるので、どのような相談に対しても子どもの福祉を最優先にする理念が一貫しており、それは児童虐待相談においても変わらない。したがって、児童虐待であるか否かを厳密に立証することよりも、子どもの福祉のために必要な援助を行うことが優先されることになる。すでに述べたように、児童相談所はアメリカのCPSのような児童虐待対応に特化した専門機関ではないので、調査の結果、児童虐待ではなかったとしても、相談援助の対象から除外されるものではない。

CPSの場合は、個々の虐待通告についてスクリーニングと調査によって児童虐待と判断されたものが支援の対象となり、それ以外は他のサービスなどに回される。教師や医師などの子どもにかかわる専門職に罰則をともなう通告義務があるアメリカでは、二〇一七（平成二九）年には四一〇万件（七五〇万人の子ども）の通告があったが、このうち四二・四％はスクリーニングで除外され、二一〇万件が受理されて三五〇万人の子どもについて調査が行われ、六七万人が虐待を受けたことが立証（substantiation）され、その後のサービスを受けている（US Department of Human Services, 2019）。虐待通告から調査までの段階では、あくまでも児童虐待の疑いであり、そこから児童虐待を立証することがＣＰＳの重要な役割になっている。

日本の児童相談所は虐待通告を受ける役割についてはＣＰＳと同じであるが、スクリーニングで除外されることはほとんどなく、ほぼ全件が「児童虐待相談」として受理され、相談援助の対象となる点で大きく異なる。実際には調査によって虐待の立証を行ってはいるが、明確に虐待が否定されることは少ない。したがって、日本の児童虐待の公式統計は児童相談所における児童虐待相談対応件数であって、そこには「疑い」のレベルのものが含まれており、実際に虐待を受けた子どもの数については明らかではない。

このように、子どもの福祉の増進を目的とする児童相談所の相談支援のしくみでは、児童虐待の事例についても虐待の有無の立証にかかわらず、子どもの支援ニーズにもとづいて対応する体制であり、それは七〇年余にわたって続いている。児童虐待防止法は児童虐待への対応をより具体的に規定しているが、子どもを虐待から守り、ケアする枠組みは児童福祉法に基づくものであり、児童相談所の相談援助の方法で対応していることを再確認しておきたい。わが国には児童虐待への特別な対応もそれに特化した専門機関もなく、児童福祉制度の中で対応しているのである。

3. 児童相談所の専門性

児童虐待相談対応件数が増加し続け、さらなる児童虐待防止の取り組みが求められるようになる以前から、児童相談所の専門性の強化は児童福祉の重大な課題であった。その一方で、児童相談所の専門性とは何かという問いに対する答えはあいまいなまま、試行錯誤が続けられてきた。その専門性をめぐる葛藤は、すでに児童福祉法の法案作りの段階から始まり、その後の度重なる法改正の歴史が如実に物語っている（竹中、二〇〇〇）。ここでは児童相談所の歴史的な変遷を詳しくたどることはしないが、児童相談所の専門性を確保する課題は以下の三点に集約されると考えられる。

もっとも基本的な専門性とは、児童福祉に関する専門的な知識と技術を有しているというもので、それをもって市町村や他の児童福祉施設などへの技術援助や指導を行う役割をはたす組織としての専門性である。この意味での児童相談所の専門性は、児童相談所の目的として法令に明記されているものであり、この専門性なくして児童相談所は成立しないことになるが、多分に理念的で具体性に乏しい。

二つめは行政権限を持つことで、児童福祉の実施機関として、他の機関にはできない業務を行うことができるというものである。児童相談所は児童福祉に関する行政機関であり、関係法令に基づいてさまざまな行政権限を持つことで専門性を有しており、そのもっとも強力なものが子どもの一時保護である。児童福祉法三三条は、児童相談所長が「必要があると認めるとき」には一時保護を行うことができると規定しており、この権限を有することが児童相談所の業務上の専門性となる。

三つめは、専門的な知識と技術を持つ職員を有することである。児童福祉法では、児童相談所の中核的な業務を行うのは児童福祉司とされており、具体的な資格や学歴が規定されている。したがって、相談の受理、調査、診断、判定などを行うのは専門的な職員であり、児童相談所は専門職チームによって業務を行うこととされている。その専門性は多岐にわたり、現在の児童相談所運営指針には、児童福祉司、医師（精神科医、小児科医）、保健師、児童心理司、心理療法担当職員、弁護士、理学療法士、臨床検査技師が挙げられている。

これら三つの専門性のうち、業務上の専門性については、児童虐待への対応を強化する流れの中で、保護者の出頭要請や立入調査、臨検などの機能が加えられ、保護者の権利を制限する権限が強化されてきた。また、児童福祉司と児童心理司の増員、医師、保健師、弁護士などの専門職の人員配置を進める方針が示され、業務と職員の専門性はさらに強化されようとしている。

児童虐待対応では、子どもの保護の必要性、一時保護解除の判断など、きわめて難しい判断をしなければならないことが多く、そこには高度な専門性が要求される。この難しい判断のためにアセスメントツールを活用することが推奨され、これらのツールを用いて判断することが専門的な対応と受け止められがちであるが、アセスメントツールそのものは専門性とはあまり関係しない。特定の専門職しか使わないツールを使うことがその専門職のアイデンティティになることはあるが、ツールはあくまでも道具であり、それを使う者の専門的能力があってのもので、マニュアルどおりに使って出てきた結果だけで判断することが業務上の専門性を担保するものではない（小野、二〇一四）。

緊急的に専門職を増員しなければならない現状において、専門的人材の確保が急務になっているが、専門職は一朝一夕に養成できるものではなく、ましてや辞令一枚で児童相談所に赴任させ、所定の研修を受ければ専門的な職務をこなせるというものでもない。形式的な専門性でごまかすことではなく、機能、組織、人材のそれぞれにおいて、専門性を確保することが求められる。

多様な専門性が集まった児童相談所は、ひとつの専門性には収束しないが、それでも本来の役割を果たすためには、すべての専門職に一貫する専門性がなければならない。それこそは「子どもの福祉のため」という目的であり、子どもの権利利益を最優先に支援をする理念である。つまり、児童相談所のもっとも基本的な専門性は「子どもの権利擁護」といえよう。

4．児童福祉としての児童虐待対応

児童相談所での虐待相談対応では、虐待通告の受理、調査、子どもの保護とケア、家族の再統合を同一機関が行うことの困難が以前から指摘されてきた（津崎、二〇〇二）。しかし、児童福祉の総合的専門機関である児童相談所にとって、児童虐待の介入から子どもと家族への支援まで、すべてにおいて専門的に関与することは当然であり、そこから逃れることはできない。行政権限を行使する立場と、保護者に寄り添う支援を同じ機関で行うことに、支援を受ける側が抵抗感を持つことは無理もないことであり、担当するケースワーカーにとっても負担感が大きいことは否めない。

しかし、児童虐待への介入から支援までを同一機関で行うこと自体は、アメリカのCPSも同じである。虐待を発見してケースとして対応を始めれば、さまざまな支援を経て、最終的に家族再統合か養子縁組等によるパーマネンシーを達成したところでケースは終了することになるので、虐待対応に責任を持つ機関としての役割は日本と変わらない。ただし、アメリカでは子どもと保護者への支援はCPSが民間の支援サービスを「購入」して提供するので、CPSのワーカーが直接かかわるものではないことと、子どもの保護に保護者が同意しない場合は裁判所が関与する点で、日本との違いがある（小野、二〇〇七）。つまり、アメリカはケースマネージメントが中心であるのに対して、日本は直接的に介入し、サービスも提供しなければならないことで負担が大きい。

このように、児童虐待に対応する専門機関としては、介入から支援までを行うことは児童福祉としてはむしろ自然であるが、もしどちらか一方だけをするとすれば、児童福祉の役割としては支援を担当することになるだろう。そうなれば、介入を担当する別機関は警察のような捜査権や逮捕権を持つ法執行機関になることだろう。犯罪行為への対応では、取り締まり検挙する警察、事件を立件して起訴する検察、罪と量刑を決める裁判所、刑を執行する刑務所と、明確な役割が区別され、同一機関では完結しない。ここからも、児童虐待対応での介入は支援の入り口であり、けっして違法行為としての処罰の起点ではないことがわかる。

そもそも児童福祉としての虐待対応では、介入と支援は対立概念ではない。ただし、児童相談所の介入的な権限が強化されることで、強権的な介入が多くなれば、それは法執行機関の性質が強くなり、介入後の支援は難しくならざるをえない。つまり、児童相談所がいわゆる福祉警察化すれば、支援を担うことは非効率になることになるだろう。どうしても強制的な介入が必要な場合には、むしろ警察や裁判所が前面に出ることで、児童相談所が支援者としての役割を確保するのが現実的なのかもしれない。

とはいえ、実際の児童虐待対応の現場では、児童相談所は介入と支援の狭間で葛藤している。それは組織としてだけでなく、ケースにかかわる職員のレベルでも存在する。すでに述べたように、児童相談所の相談援助は、多職種協働による多次元的判定を特色とするが、個々の虐待相談事例では児童福祉司が中心的な役割を担っているので、担当する児童福祉司は受理されたケースの介入から最終的な結末まで関わり、保護者との連絡や面接、指導を行わなければならない。それは児童福祉の相談支援の基本であり宿命でもある。

しかし、児童福祉としての虐待対応では、子どもと親を支援するために貢献することが基本であり、けっして介入を目的とするものではなく、ましてや親の犯罪行為を立件する役割を担っているわけではない。介入的な対応は避けられないとしても、それはあくまでも子どもの保護、権利擁護のための手段であって目的ではない。その意味で、介入か支援かという二分法ではなく、児童相談所の役割は支援であることは明確である。児童福祉としての児童虐待対応では、職権による一時保護であっても、それは支援を前提とした介入であることを忘れてはならない。

文献

小野善郎「児童相談所と精神科医療との連携・協力に関する研究〜その一〜アメリカのChild Guidance Clinicと日本の児童相談所・児童福祉および児童精神科医療の役割の対比」平成一五年度厚生労働科学研究（子ども家庭総合研究事業）報告書、三六八―三八七頁、二〇〇四年
小野善郎「児童福祉領域における精神科医の課題」（『子どもの虐待とネグレクト』第九巻第三号三四五―三五〇頁、二〇〇七年）
小野善郎「誰のための支援なのか：専門職の基盤と専門性の限界の相剋」（『子どもの虹情報研修センター紀要』No.一二、二七―四一頁、二〇一四年）
U.S. Department of Health & Human Services, Administration for Children and Families, Administration on Children, Youth and Families, Children's Bureau. *Child Maltreatment 2017*, 2019.

竹中哲夫『現代児童相談所論』（三和書房、二〇〇〇年）
津崎哲郎「児童虐待への介入と援助：児童相談所からの発信」（岡田隆介編『児童虐待と児童相談所――介入的ケースワークと心のケア』金剛出版、一五―二八頁、二〇〇一年

第三章　児童相談所の葛藤

1．児童虐待の現状

二〇〇〇（平成一二）年に児童虐待の防止等に関する法律（以下「児童虐待防止法」という）が施行され、すでに二〇年近くが経過している。この間、児童福祉法と合わせて幾たびもの改正が行われ、二〇一二（平成二四）年四月には「民法等の一部を改正する法律」が施行されるなど、児童虐待については、発生予防、早期発見、早期対応、虐待を受けた子どもの保護・自立に向けた支援など、切れ目のない支援が実施できるよう対策が推進されてきた。二〇一八（平成三〇）年七月には児童虐待防止対策に関する関係閣僚会議において、「児童虐待防止対策の強化に向けた緊急総合対策」を決定したほか、同年一二月には、児童虐待防止対策に関する関係府省庁連絡会議において、「児童虐待防止対策体制総合強化プラン」（新プラン）を策定するなど、児童虐待防止対策に関する取組が進められてきた。さらに平成三一年二月には、関係閣僚会議において、『児童虐待防止対策の強化に向けた緊急総合対策』のさらなる徹底・強化について」が決定されている。具体的には緊急的に講ずる対策として、転居した場合の児童相談所間における情報共有の徹底、子どもの安全確認ができない場合の対応の徹底、児童相談所と警察の情報共有の強化、子どもの安全確保を最優先とした適切な一時保護や施設入所等の措置の実施、乳幼児健診未受診者、未就園児、不就学児等の緊急把握の実施が軸となっており、さらには従前の「児童相談所強化プラン」を前倒しして見直し、専門職の増員による児童相談所、市町村の体制強化を図る『児童虐待防止対策体制総合強化プラン』（新プラン）に基づく人材確保に向けた取組について」も決定されている。

こうして、子どもを守るため、子どもの安全確保を最優先とし、必要な場合には躊躇なく介入することや、子育て支援・家族支援の観点から、早い段階から家庭に寄り添い、支援すること等の取組を、地域の関係機関が役割分担しながら確実かつ迅速に行うこととされた。その結果、暮らす場所や年齢に関わらず、全ての子どもが地域でのつながりを持ち、虐待予防のための早期対策から発生時の迅速な対応、虐待を受けた子どもの自立支援等に至るまで、切れ目のない体制の構築を目指すことになり、緊急に実施すべき重点対策として、全ての子どもを守るためのルール

図 3-1　児童虐待相談対応件数の推移

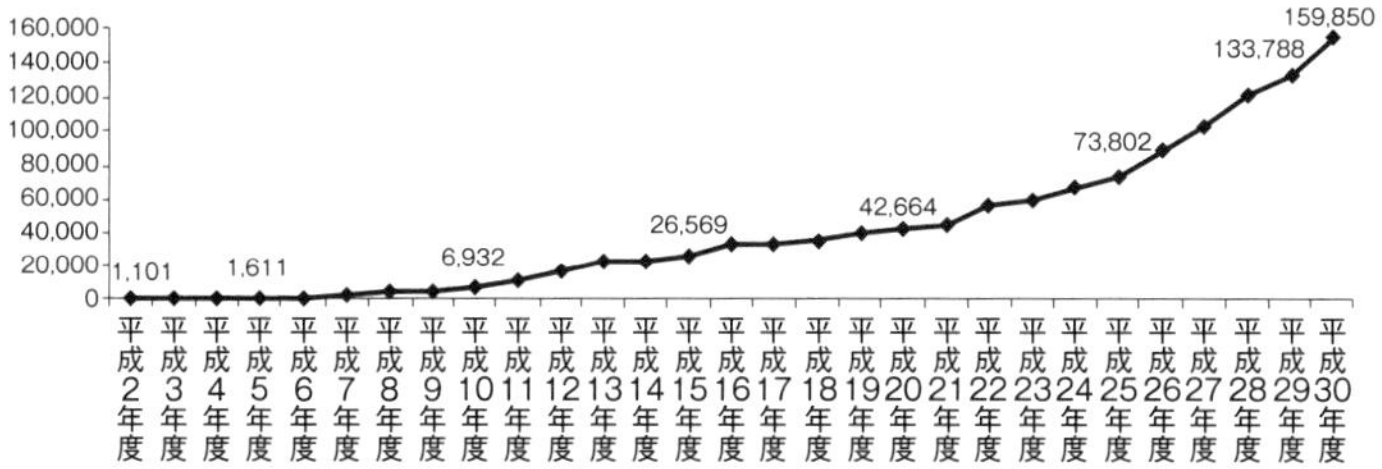

の徹底や、子どもの安全確認を早急に行うこと、また、児童虐待に対応する専門機関である児童相談所や市町村の体制と専門性強化について、これまでの取組に加えて更に進めることが求められることになった。

児童虐待をめぐる問題が深刻化する中で、前述したように様々な対策が講じられてきてはいるが、児童虐待に関する相談対応件数は、年々増加し続けるとともに、虐待による死亡事例は、未だ後を絶たない状況がある。

児童虐待防止法六条一項では、「児童虐待を受けたと思われる児童を発見した者」は速やかに児童相談所等に通告しなければならないと規定されており、虐待通告は国民の義務と位置付けられている。もはや児童虐待の問題は国民的な関心事であり、社会的にも広く認知されるとともに、深刻さや困難性及び複雑性についても遍く議論を呼ぶこととなっている。二〇一八（平成三〇）年度の児童相談所での児童虐待相談対応件数は一五万九八五〇件（速報値・前年度比一一九・五％）となっており（厚生労働省、二〇一九）、法施行前の一九九九（平成一一）年度の一五倍以上に増えている（図3－1）。また、二〇一七（平成二九）年度における市町村での児童虐待相談対応件数は三八万三九三三件であり、統計を開始した二〇〇五（平成一七）年度の約一・五倍となっている。児童相談所と市町村のいずれにおいても毎年増加を続けている状況であり、二〇一七（平成二九）年度はいずれも過去最高の件数となっている。また、厚生労働省が把握した二〇一六（平成二八）年度における児童虐待による死亡事例（心中を除く）は、四九事例、四九人に上っている（厚生労働省、二〇一八a）。

2．児童相談所での相談対応の変化

厚生労働省がまとめた福祉行政報告例によると、二〇一七（平成二九）年度における児童相談所での相談対応件数は四六万六八八〇件で、「虐待相談」を含む「養護相談」が全体の四一・九％と最も多く、次いで「障害相談」が三九・六％である。「養護相談」は、相談種類別対応件数の中で唯一増加を続けている（図3－2）。

また、同年に全国二一〇か所の児童相談所が児童虐待相談として対応した件数は、一三万件を超過しており、虐待の種別では、心理的虐待の割合が最も多くなっている。その要因としては、子どもが同居する家庭で配偶者に対する暴力がある事案（面前ＤＶ）について、警察からの虐待

図 3-2　児童相談所の相談種類別対応件数（平成二九年度）

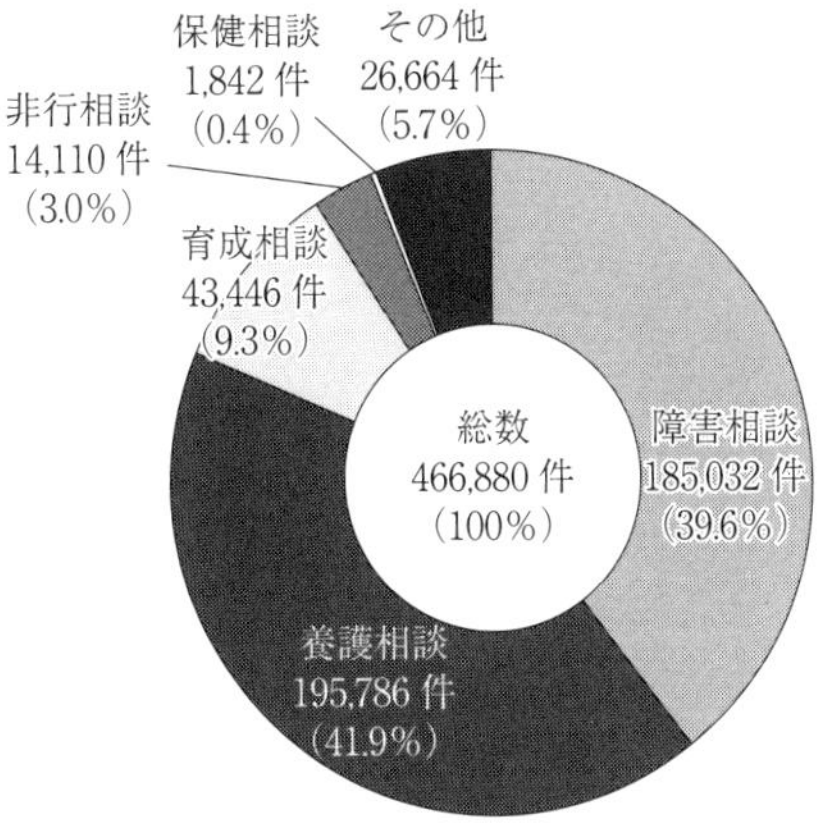

出典：福祉行政報告例

通告件数が増加したことがあげられる。警察からの虐待通告件数は、二〇一七（平成二九）年度では虐待通告件数全体の約半数（四九・四％）を占めるまでに至っており、児童相談所にもたらされる虐待通告の状況は、従前とはその様相を大きく異にしていると言わざるを得ない（厚生労働省、二〇一八b）。

一方、児童相談所による児童虐待相談への対応は、助言指導や継続指導等、親子の分離を伴わない在宅での支援を指す面接指導が一二万一一八二件（八九・七％）と最も多く、分離して施設利用等による支援については一割未満の三九八六件となっている（平成二八年度福祉行政報告例）。児童虐待相談として児童相談所が支援している家族であっても、親子の分離に至るケースは非常に稀であり、大半の子どもは在宅での生活を継続しているのである。児童虐待への対応を強化し、躊躇なき一時保護が推奨される児童福祉行政の流れにあっても、児童虐待相談の対応の基本は、在宅での支援であることには変わりがない。児童虐待への対応は、必ずしも子どもの分離保護ではなく、児童相談所は介入的な対応ばかりをしているわけではない。

これらの統計上の数字が意味するところは何であろうか。児童虐待相談対応件数の増加の背景には、単純に虐待をする親が増えてきたというわけではなく、子どもの貧困やDV、格差問題等の社会問題を背景とした児童虐待の問題が社会的に認知されて理解が広がったことや、法改正等により、児童虐待を疑う状況を早期にキャッチできる体制が整備されてきたことも要因として挙げられるであろう。とはいえ、少子化に伴い、わが国の子どもの数が減少を続けていく中で、児童虐待相談として対応した件数が右肩上がりに上昇していく状況は、いつまで続いていくのだろうか。

児童虐待相談は、一件の対応にかかる量的・質的な事務量や負担が、他の相談と比して非常に高く、統計における件数や割合だけで単純に比較・判断することはできない。また、児童虐待相談は、緊急的な対応を求められる場面が多く、その大半は中長期的な支援が必要であり、終局が容易ではなく、明確な関わりの区切りが困難な場合も珍しくない。そのような児童虐待相談の増加に伴い、児童相談所はその対応に忙殺されており、他の相談にまで十分に手が回り切っていないというのが現場の実情である。前述したように、警察からの面前DVに伴う通告が急増しており、それが心理的虐待の件数の著しい増加に大きく影響しているが、統計の額面どおりに児童虐待の態様が変化したとは単純に言い切れず、注意が必要である。統計上の数値だけで子どもの暮らしが推し量れるわけではないことに留意しなければならない。

3．本来の児童相談所の役割

本来、児童相談所は一八歳未満の子どもに関するあらゆる相談に応じる機関であるが、現状では、「児童虐待の対応をしている機関」のイメージが強くなっている。そのため、児童相談所へ相談することに抵抗感を抱く保護者も少なくない。また、日頃から「児童相談所に関わられるようになっては終わりだ」、「強制的に子どもをさらっていく拉致機関」等といった声に出くわす場面も珍しくはなく、児童相談所への誤まった認識から警戒心や拒否感が強かったり、相談に抵抗を感じる保護者も少なくない。いわゆる「虐待警察」と揶揄されるような強権発動の方向へ傾斜した機能強化がなされてきたことの弊害が現れているのではないかと感じる。

かつて児童相談所は、不登校や非行等、子どもに関する相談を幅広く取り扱ってきた。粘り強く子どもと関係を構築したり、保護者との話し合いを重ねたり、頻繁な家庭訪問を実施したり、学校等の関係機関とも調整を図りながら、まさに子どもの最善の利益を尊重し、児童相談所でなければコミットできないスタイルで、相談援助活動を展開してきた歴史がある。課題の背景に横たわる家庭環境や社会的な要因等を分析しながら、子どもとしっかり向き合い、子どもの想いを尊重しながら支援を実践してきた。しかしながら、現在では、とりも直さず児童虐待への対応が最優先とならざるを得ず、子どもの安全確保といった緊急的・危機的場面での介入や強権発動に、その職責の多くを求められる状況がある。言うまでもなく、不登校や非行を端緒とする子どもの不適応行動の背景には、家庭環境や虐待の問題が影響しているケースも少なくないが、現在はそれらを全て「虐待」という言葉でラッピングしてしまう傾向が強まっており、結果として、危機管理的側面のみに主軸が置かれ、過度の安全確保や親子分離に対応が傾きかねず、その際に子どもの意見や想いは優先されにくくなっている。子どもの意見は二の次で、支援者（大人）の方針に子どもを従わせており、十分な説明も果たされていない場合も多い。

児童虐待への対応に重点が置かれ過ぎた結果、形式化された安全確認や不明確なアセスメントの中での安易な親子分離等、「安全確保」の名のもとに児童相談所で実施されている相談援助活動の多くが、単なる責任回避や言い訳としての手続や形式的な手順になってはいないだろうか。システマチックな形式主義には、熱を帯びたパッションが介在する余地はない。児童虐待の問題が広く社会的な認知を得て、児童相談所の権限が強化されてきた状況の中で、本当に子どもの最善の利益の保障や権利の主体としての子どもの想いが反映され、子どもにとって幸せな社会に近づいているのだろうか。われわれ支援者（大人）は、本当に子どもの意見に真摯に耳を傾けることができているだろうか。

4．一時保護という劇薬

社会的な使命を背負い、子どもの安全確保を最優先の命題とする児童相談所において、その強い権限を象徴する行政処分に一時保護がある。一時保護について、従前は児童相談の所長が「必要があると認めるとき」に行うことができるとだけ定められていたが、二〇一六（平成二八）年の児童福祉法改正により、一時保護は「児童の安全を迅速に確保し適切な保護を図るため、又は児童の心身の状況、その置かれている環境その他の状況を把握する」ためと一時保護の目的が明記されることとなった（児童福祉法三三条一）。

一時保護は、児童相談所の所長という行政機関の長による単独の判断で実施が可能で、子どもの意思や、保護者の意思に反しても執行できる。一時保護は、子どもの行動の自由を制限するとともに、保護者の監護権をも制限するものであるが、このような強力な権限を、司法の審査を経ることなく、行政機関のみの判断で行えるとされていたのは、一時保護が極めて緊急を要する場合が多いこと、虐待や不適切な監護の状況から、可及的速やかに子どもの安全を確保すべきこと、基本的には期間が終局的な処遇を行うまでの短期限定的なものであること（一時保護は原則二か月を超えてはならないとされている）などが主な理由であった。しかし、二〇一七（平成二九）年法改正により、一時保護の期間が二か月を超え、かつ、保護者の意に反して一時保護を継続する場合には、家庭裁判所の承認が必要とされ、限定的にではあるが、一時保護の延長措置に対して、司法審査が及ぶこととなった（児童福祉法三三条五〜七）。

また、児童福祉法上の「児童」は、満一八歳未満であるため（児童福祉法四条）、一時保護も満一八歳未満の者にしかできないとされていたが、満一八歳以上の者に対する一時保護が必要な場面もあり（例えば、親権者の同意により施設に入所していた子どもが、満一八歳となったのちに、親権者が突如同意を撤回するなど）、二〇一六（平成二八）年法改正により、一八歳以上の者についても要件を具備すれば、限定的ではあるが、一時保護を行うことができることが条文上明記された。

一時保護中、児童相談所の所長は、親権者がいない場合は親権を代行でき（児童福祉法三三条の二第一項）、親権者がいる場合でも、監護者に対して子どもの福祉に必要な措置をとることも可能とされた（児童福祉法三三条の二第三項）。また、従前から一時保護中に、一定の要件を具備する保護者に対しては、面接・通信の制限もできるとされていたが（児童虐待防止法一二条の一）、さらに、二〇一七（平成二九）年法改正で一時保護中に接近禁止命令も行うことができるようになった（児童虐待防止法一二条の四）。

一時保護は、児童相談所のケースワークにおいて重要な位置付けを持ち、煩雑な手続きなく、フレキシブルかつ迅速にその判断ができることは、児童相談所の業務において、大きな武器となっている。緊急的に子どもの安全を確保するためには、一時保護という権限は躊躇なく行使される必要があるのは言うまでもないが、一方では、一時保護が保護者の監護権を制限するのみならず、ともすれば権利の主体たる子どもの権利の侵害に繋がりかねないという事実を胸に刻んでおく必要がある。子どもの権利・自由を制約するという重大な権限が、前述したように、児童相談所の所長という行政機関の長による単独の判断のみで行使可能であるという現状の持つ意味を忘れてはならない。

5. 司法関与の流れ

児童相談所の現場においては、以前から職権による保護者の意に反する親子分離などに象徴される「介入」を前提としたアプローチと、保護者に寄り添いながら親子関係の調整や親子関係再統合や再構築を図っていく「支援」を中心としたアプローチとを同一の機関が担っていくことの困難性や課題の存在が叫ばれていたところである。いわゆる「介入と支援のバランス」の問題であり、特に緊急的な子どもの安全確保を目的とした強権的な介入については、例えば司法や警察等の機関が担い、その後の親子再統合や家族関係の調整等の段階から児童相談所が支援を引き継ぐ形でその役割を分けるという体制の導入の是非については、従前から議論がなされていた。

介入もまた支援の一形態であり、介入と支援に線を引くこと自体に意味がないのではないか、そもそも介入から支援までを一貫して担うことのできるメリットもあるのではないかなどの様々な意見が存在する中で、現状では、児童相談所内で緊急的な初動の虐待対応と、その後の継続的な家族支援について、担当チームやセクションを分けるなど、組織内での役割分担の措置を講ずることによって対応を工夫しているものの、やはり実際のケースワークにおいては、困難性を感じる場面が多くなっている。

究極的には、現在の児童虐待対応における体制や、スキーム自体の転換論も含めた司法関与の必要性の高まりがある中で、法改正による現在の司法関与の強化は、いまだ限定的なものに留まっているとはいえ、一定の意義があると考える。

一時保護の延長

一時保護の期間の延長については、家庭裁判所の承認を得ることで、児童相談所の所長という行政機関の長による単独の判断ではなく、家庭裁判所も一時保護の継続が妥当であるとの判断を下しているという、言わば司法の「お墨付き」が得られたものと捉え、その結果、保護者への説明がしやすくなったり、納得が得られやすくなることにつながり、保護者からの激しい反発や攻撃が軽減されることへの期待感が、児童相談所では少なからず存在している。昼夜を問わず飛び込んでくる児童虐待の通告に対応していく中で、児童相談所が躊躇なく一時保護等の厳しい判断を行っていくための後ろ盾、言わば権限行使における「アクセル」としての機能が司法関与によってもたらされることは事実であろう。

他方では、時として子どもの意思に反してでも行動の自由等を制限し、子どもにとっても、保護者にとっても重大な権利侵害につながりかねない一時保護を、児童相談所が適切に判断し、適正に手続きがなされているかどうかを客観的に司法がチェックする機会が確保されることにより、児童相談所の暴走を抑止する、言わば「ブレーキ」としての機能も有している。それにより、児童相談所が権限をある意味濫用してしまうことで、子どもの福祉にとって好ましくない介入や不適切な支援につながっていないかなどを吟味することにもなり、児童相談所にとっては、改めて身の引き締まる思いがする部分もある。

一時保護の延長について、家庭裁判所の承認審判の審理にあたっては、家庭裁判所が、一五歳以上の子どもの陳述を聴取することとなる。このように、児童相談所だけでなく、中立的な立場の機関から、客観的に子どもの意見聴取がなされる機会が確保されることは、児童の権利に関する条約を引き合いに出すまでもなく、大変有意義なことである。書面による照会等といった子どもからの意見聴取の手法や、一律に子どもの年齢で聴取の実施について線を引くことの是非等については課題が残る部分もあるが、子どもの意見表明の機会が確保され、真意を汲み取っていく場の重要性については論を俟たないところである。

指導勧告制度

指導勧告制度は、家庭裁判所が勧告を行うことによって、児童相談所による保護者への指導措置が家庭裁判所に裏打ちされているとして、保護者を指導措置に従うよう仕向ける効果が期待されている。二〇一七（平成二九）年児童福祉法改正により、指導勧告を行うことができる範囲が拡大されたものの、この制度は、あくまでも都道府県（児童相談所の所長）に対する勧告であって、家庭裁判所から直接保護者に対して指導するものには至っていないことから、実効性については課題が多く、現実的には利用が推進される状況にはつながっていない。従前より、在宅支援ケースを念頭に、保護者指導への司法関与の導入が議論されていたところであるが、現実的には、指導勧告は保護者への働きかけの一材料に過ぎない。ケースワークに勧告の運用をどのように組み込んでいくかについては、今後も検討を重ねていきたい。

6. 司法関与の期待と課題

いずれにしても、日々、強烈な権限行使における厳しい判断を迫られ、保護者との対立的な構造を生みやすく、保護者からの攻撃を受けることの多い児童相談所の現場にとってみれば、ある意味では司法の威光を借り、中立的で客観的な機関が判断を下したという「お墨付き」にすがりたいとの思いがあるのは事実である。前述したように、児童相談所内でいくら機能分化を実施したり、担当を分けたとしても、結局は同一の機関で親子分離と親子再統合といった相反する両価的な対応を担うケースワーク上の矛盾や困難性の緩和への期待のみならず、保護者にとっても、司法機関が関与することにより、感情的に整理がつきやすい面もあるのではないだろうか。

当然のことながら、司法関与の目的は、児童相談所と保護者との間に生じる紛争的な状況の解消・解決を図りやすくするためでなく、あくまでも子どもにとっての最善の利益の保障が適切に行われているかどうかについて客観的にチェックがなされ、ひいては子どもの暮らしや権利が保障されることにある。この観点から、今後、アドボカシーを主軸として議論がなされていくことが大変重要であると実感している。

児童相談所としては、今後、司法関与が強化されていくとしても、決して本来の児童福祉の最前線機関としての専門性を放棄し、ケースワーク自体を司法へ丸投げするようなことのないよう留意していく必要があるのは言うまでもない。困難な状況であっても、子どもや保護者に説明を尽くし、粘り強く関係を構築しながら、その後の支援に向けた理解を求めていくこと、それが本来のケースワークと子どもへの支援にとって重要な意味を持つことであり、児童相談所の行う相談援助活動の醍醐味だからである。司法関与は、保護者からの厳しい攻撃や追及から逃れたい、攻撃の矛先をかわしたいなどといった、児童相談所の権限行使を行いやすくなることをその目的としているのではなく、あくまでも子どもの権利擁護のための制度であるべきである。児童相談所が目指すのは、親子分離や保護者への強権的な指導等をいかにスムーズに行うかという方向性では断じてない。また、自身の職責を他の機関に委ねることを求めているわけでもない。司法関与はあくまでも手段であり、家族が家族として機能し、子どもが地域で安心して生活できるよう、親子関係の在り方を模索し、当事者である子どもの参加により支援体制を検討していくこと、子どものために、今、何が必要かということを最優先の命題として業務にあたっていくこと、子どもの想いをしっかりと支援の中心に据えていくことが肝要である。

7. 児童相談所の矜持と責任

児童福祉法の理念規定は、一九四七（昭和二二）年の制定時から見直されておらず、児童の権利に関する条約（日本は一九九四（平成六）年に批准）における規律内容と比較して、子どもが権利の主体であること、子どもの最善の利益が優先されることなどが明確にされていないといった課題が、従前から指摘されていたところであるが、二〇一六（平成二八）年の児童福祉法等の改正により、児童の権利に関する条約の基本理念が児童福祉法にも明記されることとなった。子どもは、適切な教育を受け、健やかな成長・発達や自立が図られること等を保障される権利を有することを、総則の冒頭に位置づけ、その上で、国民、保護者、国・地方公共団体が、それぞれこれを支える形で、子どもの福祉が保障される旨を明確化することとされた。

すなわち改正前は「すべて国民は〜」で始まっていた児童福祉法一条が、二〇一六（平成二八）年改正により、「全て児童は、児童の権利に関する条約の精神にのっとり、適切に養育されること、（中略）その他の福祉を著しく保障される権利を有する」と定められ、子どもが適切な養育を受けることなどが保障される権利を有することがより明確になった。また、二条では、「全て国民は、児童が（中略）その意見が尊重され、その最善の利益が優先して考慮され（中略）るよう努めなければならない」と定められ、子どもの意思が尊重されること、子どもの最善の利益が優先されることなどが明記された。さらに、三条の二では、「国及び地方公共団体は、児童が家庭において心身ともに健やかに養育されるよう、児童の保護者を支援しなければならない」と規定し、家庭での養育が困難または適当でない場合には「家庭における養育環境と同様の養育環境において養育されるよう、必要な措置を講じなければならない」と規定し、実家庭の支援および家庭と同様の環境における養育の推進等が明確化された。

虐待の結果、子どもの生命が失われるような痛ましい事案が後を絶たない中で、児童虐待の問題を「虐待の加害者である不適切な親から、被害に遭っている不幸な子どもを救わなければならない」という極めて単純明快な価値構造のもと、子どもの保護について児童相談所の権限を強化する方向に制度・体制が傾いてきた状況は、子どもの生命を確実に守るという理念のもとで不可避的であり、当然の流れとも言える。児童相談所と警察との連携強化の叫びの一層の高まりもそれを象徴する動きであろう。子どもの安心安全が脅かされ、福祉が害されているおそれがある場合には、「躊躇なき保護」が必要であることについて、異論をはさむ余地はない。

しかし、結果として児童相談所が、強権の発動のみに重きを置き、安全確保のもとに極端な親子分離に傾き、必要以上の保護者の断罪や徒に親子関係の断絶を助長するような展開につながりかねない場面があることもまた、否定できない事実である。児童相談所は強烈な権限行使においてのみ、その専門性を発揮すべき機関なのだろうか。そこに子どもの権利擁護の視点の欠落が生じてはいないだろうか。欠落とまではいかずとも、どれだけアドボカシーにプライオリティを置いて支援を検討できているであろうか。本来、子どもの最善の利益の保障や権利擁護に児童相談所の専門性は発揮されるべきであったはずである。

児童虐待の問題は、複合的な問題が絡み合って生じるものであり、単なる親子の分離のみからは何も生まれない。虐待の問題を、前述したような「加害―被害」という単純な関係性の構造で捉えること自体が、問題の本質を見誤らせ、適切な支援の妨げとなる結果に繋がりやすい。親子分離は必ずしも支援の終局ではない。家族全体の抱える課題にアプローチし、「今、そこ」にある状態像を評価するだけでなく、継続的な支援につなげていく必要がある。

支援者（大人）が、一方的でお仕着せの支援方針を押し付ける展開になっていないか、肝心の権利の主体である子どもの真の想いが置き去りにされてはいないかという視点を持ち、ぶれることなく子どもの権利擁護を支援の中心に据えていくスタンスは、児童相談所が決して忘れてはならない大前提である。子どもの意見を聴く目的は、子どもにその責任を負わせるためでも、自分たちの職責放棄のためでもないことは言うまでもないが、児童相談所は、子どもの人権と最善の利益を守ることをその職責としており、権利の主体である子どもの真の想いを汲み取ることができる児童福祉の第一線の専門機関であるという矜持と責任を忘れてはならないのである。

文献

厚生労働省「平成二九年度の児童相談所での児童虐待相談対応件数」https://www.mhlw.go.jp/content/11901000/000348313.pdf、二〇一八年a
厚生労働省「子ども虐待による死亡事例等の検証結果等について（第一四次報告）のポイント」https://www.mhlw.go.jp/content/11901000/000348310.pdf、二〇一八年b
厚生労働省「平成三十年度児童相談所での児童虐待相談対応件数〈速報値〉」https://www.mhlw.go.jp/content/11901000/000533886.pdf、二〇一九年
中央法規出版編集部『改正児童福祉法・児童虐待防止法のポイント（平成二九年四月完全施行）』中央法規出版、二〇一六年
日本弁護士連合会子どもの権利委員会『子どもの虐待防止・法的実務マニュアル（第六版）』明石書店、二〇一七年

コラム

温故知新——一時保護から考える児童相談所のこれから

薬師寺 真

一九九〇年代に初めて児童相談所に児童福祉司として配属された頃、上司から何度も言われた台詞が、二〇年以上経った今でも私の頭から離れない。

「君が、どんな助言や指導をしようとも、子どもや親に大した影響は及ぼさない。なぜなら、君の助言や指導を受け入れるかどうかは、本人たちが決められるからだ。しかし、一時保護や施設入所などを含む措置（以下「措置」という。）は違う。児童相談所を代表して君が行う措置のあり方は、子どもの性格に影響し、その生涯を方向付けることにもなる。もちろん、家族も同様だ。だからこそ、それを背負う覚悟を持って行わんといけん。」

「親が子どもを預けたいと言ってきたからといって、ホイホイと預かることが、子どもの福祉を守る児童福祉司の仕事じゃない。それは、「切符切り」と言って、「措置」に頼ることしかできない、もっとも力量の低い児童福祉司のことを指す蔑称なんじゃ。児童福祉司の本来の仕事は、自分の担当地区から、措置を行う子どもを出さんように、地域全体で支援をしていくことを助けることじゃ。君は、「切符切り」になりとうて児童福祉司をしとるんか。」

現在の児童相談所では、より多くの通告を如何に迅速かつ的確に捌き、子どもの安全の視点から一時保護の必要性を見極めて、必要ならばそれを確実に行い、短期間でその後の措置に繋ぐことができるかが、児童福祉司の力量として求められるようになっている。つまり、児童福祉司は、「切符切り」から「自動改札」へと変化したのである。

一方、そうした変化が、子どもたちに幸せな結果をもたらしているのか、誰も子どもたちの意見に耳を傾けようとはしないし、その意見を活かそうともしていない。多くの人々（大人）は、子どもたちが、一時保護所や施設などで、地域で暮らしていた時よりも、安全と権利が守られ、より手厚く、質の高い支援を受けながら、充実した暮らしの中で、幸せな人生を送っているはずだと、当然のように思い込んでいる。

多くの人々（大人）が描く、こうした幻想の中で、子どもへの虐待は、少子化の影響を物ともせず、年々増え続け、無辜なる魂が失われる凄惨な事例の発生が後を絶たないという厳しい現実が、私たちの眼前に横たわり、膨張し続けている。そうであれば、児童相談所の児童福祉司は、ますます「自動改札」としての変化を求められ、AI機能を取り込み、〝覚悟〟という痛みをそこに転化してしまうだろう。そうなれば、一時保護所や施設等で暮らさざるを得ない子どもたちは、今後も増え続けていくことになる。

こうした時期だからこそ、児童福祉の最前線に立つ専門機関である児童相談所は、自身の行っている「子どものためのソーシャルワーク」が、子どもの最善の利益を、本当に実現しているのか、確かめてみる必要がある。そして、もし、子どもから、それが実現できていないことを教えられたのなら、〝覚悟〟という痛みを感じられているうちに、子どもたちの意見にきちんと耳を傾け、大人たちへ発信するとともに、確実に意見を実現していくための仕組み創りを急がなければならない。

◇

一時保護所を起点として、「意見を聴かれる子どもの権利」を実現していく仕組みを創るためには、全国の各児童相談所の実践の中で生き続けているであろう、開設当時の一時保護に対する捉え方を探し出すことも重要である。新しい仕組みを創り、それを定着させるためには、古きを尋ねなければ、その実現が難しい。そのことは、歴史が証明している。そこで、ここでは、今回の取り組みを行う際に参考にした、岡山県の一時保護所の歴史を紐解く上で欠かせない、一九五二（昭和二七）年「保護課要覧」から抜粋した「保護方針」を紹介するとともに、その内容から現在に続いている捉え方を読み解いた抜粋を簡単に紹介したい。

◉保護方針

収容保護児童は殆んどが恵まれない家庭環境、ミゼラブルとも言うべき生活歴の中に成長したもので、取扱の根本は際限なき愛情と力学的法則に基づき、科学的治療対策を樹て治療の効果を期することである。

此のような理念から次の方針をたて保護の万全を計る。

一　児童の人格を尊重し、自由を認めて羨望感、威圧感より解放する。

二　児童の心理の機微を把握して、ニードの充足を図り安定させる。

三　個性に透徹した個別的指導により治療する。

四　師弟同業の精神に則り、苦楽を共にして自信をもたせる。

具体的な取扱いとしては

一　国籍、社会的身分、身体障害等々一切の差別を受けない。

二　生育歴個性観察に基づき、個別指導計画を立て指導する。

三　賞賛を与え、自信と信頼感を持たせる。

四　性別、年齢別、性格、知能を考慮して、グループワーク、レクリエーション等により安定に努力する。

五　日々の生活行動を詳細に観察記録し、テストの結果に基づき治療する。

六　判定行動観察の終わった児童は、施設へ送致する準備として計画された日課に基づき生活指導をする。

七　学習遅滞児に対しては、個別的能力に応じたカリキュラムによって学習指導をなし、学習の興味の昂揚を図る。

八　身体的に病弱児、疾病児に対しては、保健体育に留意し必要診療を与え軽易な娯楽をなさしめる。
九　情操陶活として視覚教育、聴覚教育を重じる。

（出典：昭和二七年「保護課要覧」岡山県中央児童相談所　保護課）

この「保護方針」を共時性の視点から読み解くために、一九五一（昭和二六）年から一九五二（昭和二七）年の時代の児童福祉のトピックスを調べることから始めた。なぜなら、記載されている内容は、その時代背景を映しているため、現代の時代感覚で安易に理解することを避けるためである。

当時の資料を紐解くと、戦後の社会的混乱と生活困窮を背景に、子どもの人身売買や少年非行（第一次非行ブーム）が社会問題化し、障害を持つ子どもの福祉が注目されていることがわかる。

また、一九五一（昭和二六）年から一九五二（昭和二七）年は、児童相談所の歴史においても重要な時代であった。一九五一（昭和二六）年は、厚生省児童局が、現在の「児童相談所運営指針」の原型である『児童福祉マニアル』を刊行し、翌年の一九五二（昭和二七）年には、『児童福祉必携』を続けて発行している。

こうした背景から、一九五一（昭和二六）年から一九五二（昭和二七）年は、現在の児童相談所の運営に繋がる原型が確立された重要な意味を持つ年代であることがわかった。それを念頭に置いて、「保護方針」を改めて読んでみると、戦災孤児から非行児、障害児までを一時保護し、「取扱の根本は際限なき愛情と力学的法則に基づき、科学的治療対策を立て治療の効果を期すること」としていることから、当時の厚生省児童局がGHQの指導の下で目指していた、チャイルド・ガイダンス・クリニックの一時保護ホームを理想としながらも、実態は、まさに支援を必要とする子どものほとんどが児童相談所に押し寄せ、一時保護所は、かなり混乱した状況になっていたことが推察される。

「保護方針」では、そうした子どもたちを臨床治療の対象として捉える、時代の流れを主軸にしている一方で、国籍や障害等による差別を禁止するなど、戦争の被害を受けた子どもたちの背景を考慮した「高い人権意識」や、師弟同業の精神といった「東洋的な考え」も取り入れた和魂洋才な側面がうかがわれ、先人が試行錯誤した足跡が伝わる内容となっている。

このような開所して間もない頃の「高い人権意識」や「東洋的な考え」といった一時保護に対する捉え方は、おそらく全国各地の児童相談所毎に共通した点と異なった点があり、その後の発展の仕方も、地域の実情を反映していることが推察される。そこには、児童福祉法や措置制度等を例に出すまでもなく七〇年近く前の仕組みが活き続けているのである。こうした事実は、時代遅れと切り捨てられるべきことばかりではない。むしろ、全国の各児童相談所には、一時保護に対する多様な捉え方が、実践の中で活き続けていることを示唆している。

その証拠が一時保護という権限そのものである。一時保護は、戦後に戦争で保護者を失ったか、わからなくなった子どもを、保護者の同意なく、強制的に収容するために出来た権限であり、そのために強行性が持たされているが、現在も児童相談所の重要な機能として位置付けられ続けている。過去には、一時保護は地域福祉を推進し、担当地区から措置を必要とする子どもを生まない支援を行う児童福祉司の〝覚悟〟を問うために床の間に飾られる刀となり、実践で抜くことはほとんどない代物の時代もあったが、現在は実践で抜くだけに留まらず、その腕前と切れ味が問われる時代へと変化している。

岡山県では、一時保護所における「意見を聴かれる子どもの権利」の実現に向けて、英国の取組に学びつつ、一時保護所の「保護方針」の中から、実践の中に今でも引き継がれている「高い人権意識」や「東洋的な考え」を捉え、それを活かした和魂洋才の仕組みを創りたいと考えている。そうすることで、子どもたちの人生に幸せな結果をもたらすための、子どもを中心とした、子どものためのソーシャルワークを実践する、伝統をふまえた新しい児童相談所へと進化させたいのである。

第二部　児童虐待と子どもの権利

第四章　わが国の子どもの権利の現状

1．子どもの権利条約について

児童の権利に関する条約（以下「子どもの権利条約」という）は、子どもの基本的人権を国際的に保障するために定められた条約である。一八歳未満の児童を権利の主体と位置づけ、成人と同様の人権を認めるとともに、子どもの成長の過程で必要となる保護や配慮に関する特有の規律がなされている。

まず、前文においては、条約の目的・理念が記載されている。そして、五四条から成る本文には、子どもの生存、発達、保護、手続への参加等の包括的な権利を実現・確保するために必要となる具体的な事項に関する規律が定められている。一九八九（平成元）年の第四四回国連総会において採択され、一九九〇（平成二）年に発効した。わが国においては、同条約を一九九四（平成六）年に批准している。(1)

上述のとおり、子どもの権利条約の定めは多岐にわたるものであるが、本稿においてわが国の子どもの権利の現状を述べるに当たり、筆者が象徴的と考える条文を以下に引用する。

三条

一・児童に関するすべての措置をとるに当たっては、公的若しくは私的な社会福祉施設、裁判所、行政当局又は立法機関のいずれによって行われるものであっても、児童の最善の利益が主として考慮されるものとする。

五条

一・締約国は、児童がこの条約において認められる権利を行使するに当たり、父母若しくは（中略）児童について法的に責任を有する他の者がその児童の発達しつつある能力に適合する方法で適当な指示及び指導を与える責任、権利及び義務を尊重する。

六条

一・締約国は、すべての児童が生命に対する固有の権利を有することを認める。

七条

一．児童は、出生の後直ちに登録される。児童は、出生の時から氏名を有する権利及び国籍を取得する権利を有するものとし、また、できる限りその父母を知りかつその父母によって養育される権利を有する。

九条

一．締約国は、児童がその父母の意思に反してその父母から分離されないことを確保する。ただし、権限のある当局が司法の審査に従うことを条件として適用のある法律及び手続に従いその分離が児童の最善の利益のために必要であると決定する場合は、この限りでない。このような決定は、父母が児童を虐待し若しくは放置する場合又は父母が別居しており児童の居住地を決定しなければならない場合のような特定の場合において必要となることがある。

一二条

一．締約国は、自己の意見を形成する能力のある児童がその児童に影響を及ぼすすべての事項について自由に自己の意見を表明する権利を確保する。この場合において、児童の意見は、その児童の年齢及び成熟度に従って相応に考慮されるものとする。

二．このため、児童は、特に、自己に影響を及ぼすあらゆる司法上及び行政上の手続において、国内法の手続規則に合致する方法により直接に又は代理人若しくは適当な団体を通じて聴取される機会を与えられる。

2．わが国の国内法における未成年者の人権享有主体性(2)

日本国憲法においては、基本的人権を定める第三章の標題が「国民の権利及び義務」とされていること、及び、「国民は、すべての基本的人権の享有を妨げられない」（憲法一一条）、「この憲法が国民に保証する自由及び権利」（憲法一二条）、「生命、自由及び幸福追求に対する国民の権利」（憲法一三条）との文言に鑑みて、基本的人権の享有主体が「国民」とされていることは明らかである。そして、上記「国民」の概念に、いわゆる未成年者（子ども）が含まれることには、異論がない。

もっとも、一般的な理解においては、未成年者は、心身の成長段階にあり、成年者と異なり未だ成熟した判断能力を有しない者であるため、その権利行使に際しては、未成年者自身の保護という観点から、いわゆるパターナリスティックな制約が認められるとされている(3)。

ここで、日本国憲法による未成年者の人権制約としては、「公務員の選挙については、成年者による普通選挙を保障する」と定めた憲法一五条三項が存在するのみである。

一方で、立法による未成年者の人権制約の例は、多岐にわたる。例えば、公証人及び各種士業等について成年であることを資格要件とすることにより、未成年者の職業選択の自由（憲法二二条一項）が制約されている。また、一般に馴染みの深い事例としては、未成年者の飲酒を禁止した未成年者飲酒禁止法、未成年者の喫煙を禁止した未成年者喫煙禁止法が挙げられよう。これらの法律は、成年者であれば自己の自由な意思決定に基づいて飲酒・喫煙を行うことができるのと比して、未成年者に対する幸福追求権、自己決定権を制約するものと整理できる。

そして、立法による未成年者の人権制約のうち、以下では、特に民法及び児童福祉に関する法律における規律について、詳細に述べることとする。

3. 個別の法規での顕れ

民法

わが国の法律は、国家（公権力）と個人（市民）との間の関係について規律する公法と、原則として対等である個人と個人との間の関係を規律する私法とに大別することができる。そして、民法は、私法に関するもっとも基本的な事項を規律する「基本法」とされている。(4)

民法における規律の対象は、財産関係と家族関係に大別される。民法において財産関係の規律を定めた部分を財産法といい（第二編、第三編）、家族関係の規律を定めた部分を家族法という（第四編、第五編）。

民法では、未成年者が法律行為をするには、その法定代理人の同意を得なければならず（民法五条一項）、同意を得ずに行われた法律行為は取り消すことができる（同条二項）旨が規定されている。同条は、民法における「第一編　総則」に規定されており、民法における一般的な規律としての効力を有するものである。したがって、財産法の観点からは、未成年者は、原則として、単独での確定的な意思表示を行うこと、より具体的に言い換えるならば、諸々の契約を単独で締結することができず、成年者との比較という観点においては、その権利は制約されているといえる。

上記の規律の趣旨は、成熟過程にある存在としての未成年者の保護にあるとされている。[5]

次に、家族法において、未成年者は、「父母の親権に服する」とされている（民法八一八条一項）。

かつて、未成年者は、少なくとも成人するに至るまでは権利の主体として捉えられておらず、親権者による庇護の下にあると同時に権力的な支配の下におかれ、親権者への服従を余儀なくされていた。

しかし、二〇世紀以降、子どもの最善の利益・福祉の保護という観点が重視されはじめ、今日においては、親権の権利性は、親権者が子どもに対して負う養育義務を遂行するために必要な限

度で認められるものと構成されている。(6)

もっとも、親権の本質を上記のように観念したとしても、親権者によって親権が行使されることにより、未成年者自身の権利は、必然的に一定限度の制約を受けるものといわざるを得ない。例えば、未成年者は、親権者が指定した場所に、その居所を定めなければならないとされている（民法八二一条）。これは、いわゆる居所指定権といわれる親権者の権限であるが、同権限の行使により、未成年者の居住移転の自由（憲法二二条一項）は制約されることとなる。また、未成年者は、親権者の許可を得なければ、職業を営むことができない（民法八二三条一項）とされている点については、職業選択の自由（憲法二二条一項）の制約といえる。そして、親権者は、子の財産を管理し、かつ、その財産に関する法律行為についてその子を代表する（民法八二四条）との規定は、広く未成年者の財産権（憲法二九条一項）に対する制約であると整理できる。

他方、未成年者の身分行為に関する権利制約としては、成人が婚姻の自由（憲法二四条）を有するところ、未成年の子が婚姻をするには、父母の同意を得なければならないとされていること（民法七三七条）、養子となる者が一五歳未満であるときは、親権者が、これに代わって、縁組の承諾をすることができるとされていること（民法七九七条）等が挙げられる。

上記に加えて、民法八二二条においては、親権者の懲戒権が定められている。同条については、二〇一一（平成二三）年に行われた民法改正によって「第八百二十条の規程による監護及び教育に」必要な範囲内でとの文言が追加され、本稿執筆時点においてその削除も視野に入れた改正が検討されているところではあるものの、現行法としては未だその効力を有し、いわゆる「しつけ」としての体罰を、私法の基本法たる民法が許容しているかのような外観が存在している。(7)

児童福祉に関する法律

これまでに述べてきたとおり、未成年者は、未だ心身の成長段階にあり、成年者と異なり未だ成熟した判断能力を有しない。加えて、年齢により程度の差があるとはいえ、未成年者単独での社会生活を営むに足る稼働能力も有しないのが通常といえる。

したがって、未成年者は、社会生活の全般において、親権者等による日常的な生活支援に依存しているものといえる。当然、これら親権者等による生活支援が適切に行われていれば、公権力を含む第三者が介入する必要性は生じ得ない。しかし、親権者等による支援が適切に行われない場合、代表的には親権者等による虐待が行われる場合において、未成年者に対して、自らの判断で親権者等の元から離れ、独立した生活を営むよう要求することは、およそ現実的でない場合が通常であろう。

そこで、わが国においては、児童福祉法、児童虐待防止法等、児童福祉に関する諸法律が制定されている。児童福祉法一条、児童虐待防止法一条等の文言からも明らかなとおり、これら諸法律は、未成年者（児童）が「適切に養育されること、その生活を保障されること、愛され、保護されること、その心身の健やかな成長及び発達並びにその自立が図られることその他の福祉を等しく保障される」こと、「児童の権利利益の擁護」を目的としている。

もっとも、上述のとおり、未成年者は発達過程にあり、必ずしも合理的な判断能力を有さない者であるため、自身の養育者たる親権者等の支援が適切でない場合であっても、同支援の不適切さを認識・判断することができず、逆に自身が外観上依存している親権者等に迎合するような事態も、往々にして生じ得る。

以上に鑑みて、上記諸法律に規定される都道府県、児童相談所等の権限行使において、「当該権限行使が、未成年者（児童）自身の意に沿うこと」は、要件とされていない。例えば、児童相談所が一時保護（児童福祉法三三条一項）を行う旨意思決定した場合、当該一時保護の対象となる未成年者が保護を拒否し、親権者等との生活の継続を望む場合であっても、少なくとも児童福祉法の文言上、一時保護の実施の支障とはなり得ない。

あくまでも児童福祉に関する法律における諸制度・諸権限の行使は、未成年者の権利利益を保護することを目的とした規律ではあるものの、形式的に一人の独立した人権享有主体として扱われるべき未成年者の諸権利に着目するならば、当該諸権利への制約という側面を否定することはできない。詳細については、第六章にて述べることとする。

以上のとおり、わが国において制定されている個別の法規においては、未成年者に対して、諸々の権利制約を行なう規律が存在している。これらの規律が、少なくとも各法規の立法時点において、未成年者の保護ないしは健全な発達を目的として制定されたことは、いうまでもない。

ここで、前述のとおり、これらの制約は、あくまでも必要最小限度に限り許容されるに過ぎないものである。しかしながら、このような制約の趣旨を、わが国の国民ないし児童福祉に携わる諸々の公的機関は、正確に認識できているのであろうか。

例えば、児童福祉に携わる者であれば、親権者との協議の際に、誰しも一度は「自分は親権者である」、「親権者の決定に第三者が容喙することは許されない」旨の発言に直面したことがあるのではないだろうか。本来、親権なるものは、未成年者の保護を目的とした必要最小限度の権利制約手段として行使されねばならないところ、あたかも親権が絶対のものであり、本来は未成年者が自身の権利としてコントロールしうる事項についても、親権者が、自身が親権者であるという一事をもって、「自由に」、「無制限に」左右できるかのような誤解は、わが国において一般的な理解とまではいえないにしても、相当多数が有している根の深いものとはいえないだろうか。

一方で、児童福祉に携わる諸機関においては、「自身の有する権限を子どもの福祉、最善の利益を実現するために用いるべきである」ことは当然に認識されているであろう。しかしながら、各機関が、自身が行なう処分について、「客観的に正しい」、「支援者から見て当該子どもにとって必要な」権限行使である旨を信ずるがあまり、他に選びうる手段の存否、より子どもの意思に沿う手段の存否、より子どもの権利への制約が軽度である手段の存否について、入念な検討を怠ってはいないだろうか。

以下の章においては、親権の不適切な行使の最たる例である虐待のみならず、虐待から子どもを保護するために児童相談所が行使する諸々の権限（特に一時保護）が、一度視点を変えれば、子どもの権利を制約・侵害する手段となり得ることを明らかにする。その上で、子どもの権利の制約が不可避といわざるを得ない場合に、当該制約を「必要最小限度の」ものに留めるための端緒となるであろう「子どもの意見表明権」について、そのあり方とわが国の現状を述べる。

注

（1）日本ユニセフ協会「子どもの権利条約」https://www.unicef.or.jp/about_unicef/about_rig.html

（2）野中俊彦ほか『憲法Ⅰ』二二八頁（有斐閣、第五版、二〇一二年）、佐藤幸治『日本国憲法論』一三六頁（成文堂、二〇一一年）、辻村みよ子『憲法』一〇三頁、一〇八頁（日本評論社、第六版、二〇一八年）。

（3）宮沢俊義『憲法Ⅱ』二四六頁（有斐閣、新版、一九七一年）「人権の性質によっては、一応その社会の成員として成熟した人間を主として眼中に置き、それに至らない人間に対しては、多かれ少なかれ特例をみとめることが、ことの性質上、是認される場合もある」。

（4）山本敬三『民法抗議Ⅰ総則』九頁以下（有斐閣、第三版、二〇一一年）。「公法では、一方で、公益の確保が問題になるとともに、他方で、個人の権利が不当に害されることのないよう、国家権力に対して適正なコントロールを加えることが問題となる。」「私法では、個人と個人というひとまず対等の関係にあると考えられる者どうしの間での利害関係をいかに調整するかが、中心的な問題となる。」

（5）山野目章夫編『新注釈民法⑴』四二三頁以下（有斐閣、二〇一八年）。

(6) 二宮周平『家族法』二二九頁以下参照(新世社、第五版、二〇一九年)。諸外国においては、「親権」という表現が変更されている。「監護権 custody」→「親責任 parental responsibility」(イギリス)、「親の権力 elterliche Gewalt」→「elterliche Sorge」(ドイツ)。

(7) 於保不二雄、中川淳編『新版注釈民法(二五)』一〇七頁以下(有斐閣、改訂版、二〇〇四年)においては、民法八二二条(但し二〇一一年改正以前の条文)について、「懲戒とは、親権者による子の監護教育上から見ての子の非行、過誤を矯正指導するために、その身体または精神に苦痛を加える制裁であり、一種の私的な懲罰手段である」、「未成年者の監護教育のためには単なる口頭による訓戒だけでは足らず、時には「愛の鞭」を必要とすることがある」、「懲戒のためには、しかる・なぐる・ひねる・しばる・押入に入れる・蔵に入れる・禁食せしめるなど適宜の手段を用いてよいであろうけれども、いずれも「必要な範囲内」でなければならない」と記載されている。「限界を超えた懲戒権を実行することは、親権の濫用として親権喪失の自由となり、親権者であっても~刑事上の責任を生じ~、児童福祉法上の保護者としての~措置(児福二八)の対象とされることもありえよう」とされてはいるものの、児童虐待防止法二条各号における虐待の定義規定に鑑みれば、同書に記載された解釈が現在においてもなお妥当するものであるのかについて、疑問を残すところではある。

第五章　子どもの人権侵害としての児童虐待

前章では、子ども（未成年者）も大人と同様、人権享有主体であることを述べたが、本章では「子どもの福祉」や「最善の利益」を害する行為である児童虐待が、具体的にいかなる子どもの人権を侵害する行為であるかを検討してみたい。

1．法律上の「児童虐待」の定義

児童虐待がいかなる子どもの人権を制約しているかを考える前提として、「児童虐待」とはどのような行為であるかを定義しなければならない。

この点、わが国で、「児童虐待」を定義した法律として児童虐待の防止等に関する法律（以下「児童虐待防止法」という）がある。同法は、二条で、「『児童虐待』とは、保護者（親権を行う者、未成年後見人その他の者で、児童を現に監護するものをいう。以下同じ。）がその監護する児童（十八歳に満たない者をいう。以下同じ。）について行う次に掲げる行為をいう。」と定義付けし、具体的な行為として、四項目を再掲する。

一　児童の身体に外傷が生じ、又は生じるおそれのある暴行を加えること。

二　児童にわいせつな行為をすること又は児童をしてわいせつな行為をさせること。

三　児童の心身の正常な発達を妨げるような著しい減食又は長時間の放置、保護者以外の同居人による前二号又は次号に掲げる行為と同様の行為の放置その他の保護者としての監護を著しく怠ること。

四　児童に対する著しい暴言又は著しく拒絶的な対応、児童が同居する家庭における配偶者に対する暴力（配偶者（婚姻の届出をしていないが、事実上婚姻関係と同様の事情にある者を含む。）の身体に対する不法な攻撃であって生命又は身体に危害を及ぼすもの及びこれに準ずる心身に有害な影響を及ぼす言動をいう。）その他の児童に著しい心理的外傷を与える言動を行うこと。

を挙げている。一般的に、一号は身体的虐待、二号は性的虐待、三号はネグレクト、四号は心理的虐待と呼ばれている。これらをより具体的に例示すると、以下のとおりとなる。

一号　身体的虐待

身体的虐待に該当する行為としては、「殴る、蹴る、叩く」といった行為が典型例であるものの、それ以外にも、「布団蒸しにする、溺れさせる、異物を飲ませる、戸外に締め出す、縄などにより一室に拘束する」といった行為も該当する。

二号　性的虐待

性的虐待に該当する行為としては、「性交、性的行為」や「性器を触る行為」といった保護者が児童に対して何らかの性的行為をなすことはもちろんのこと、「児童に性器を触らせる行為」、「児童に性器や性交を見せる行為」といった児童に対して性的な行動をとらせること、更には「児童をポルノグラフィーの被写体などにする」といったことも含まれる。

三号　ネグレクト

ネグレクトに該当する行為としては、「児童の健康・安全への配慮を怠っている」こと、具体的には、「重大な病気になっても病院に連れて行かない」、「乳幼児を家に残したまま外出する」といった行為（不作為）が典型的であるものの、これ以外にも「児童の意思に反して学校等に登校させない」「児童が学校等に登校するように促すなど子どもに教育を保障する努力をしない」、「児童にとって必要な情緒的欲求に応えていない（愛情遮断など）」、「食事、衣服、居住などが極端に不適切で、健康状態を損なうほどの無関心・怠慢」といった本来、児童に保障されているはずの教育、衣食住、愛情を与えられることなどが保障されない状態に置くことも含まれる。さらに、「祖父母、きょうだい、保護者の恋人などの同居人や自宅に出入りする第三者が身体的虐待、性的虐待、心理的虐待に該当する行為を行っているにもかかわらず、これを放置する」など第三者の児童虐待を放置することもネグレクトに該当する。

四号　心理的虐待

心理的虐待に該当する行為としては、「ことばによる脅かし、脅迫」、「児童の心を傷つけることを繰り返し言う」、「児童の自尊心を傷つけるような言動をする」といった保護者が言葉によって心理的な影響を与える行動を指すほか、「児童を無視したり、拒否的な態度を示す」、「他のきょうだいとは著しく差別的な扱いをする」といった保護者の態度により児童に心理的な影響を与える行動、更には「配偶者やその他の家族などに対する暴力」、「児童のきょうだいに身体的虐待、性的虐待、心理的虐待を行うこと」といった保護者の行動によって間接的に児童の心理面に影響を与える行動も含まれる(1)。

そして、同法三条は、「何人も、児童に対し、虐待をしてはならない。」として、児童虐待を禁止している。

2．子どもから見た児童虐待（人権侵害としての児童虐待）

児童虐待が子どもの人権を侵害する行為であることは、あまりにも当然のことであり（児童虐待防止法一条には、「…児童虐待が児童の人権を著しく侵害し…」と明記されている）、あえて論じられることは少ないが、ここでは、上記で述べた「児童虐待」の各類型について、具体的に子どものどのような人権が侵害されているのかを改めて検討し、児童虐待を子どもの視点から捉え直してみたい。

身体的虐待

虐待行為が、子どもの身体に対する不法な有形力（物理力）の行使に該当するならば暴行罪（刑法二〇八条）、子どもの生理的機能を侵害する結果を惹起したならば傷害罪（刑法二〇四条）、更にその結果として子どもを死に至らしめた場合には傷害致死罪（刑法二〇五条）に該当するなど、刑事罰をもって対応することが必要な場合も存在する。よって、身体的虐待に該当する行為を保護者が行った場合、子どもの生命・身体の安全が害されることは明らかであり、人権侵害に該当することは論を待たない（なお、子どもの権利条約では、子どもはその「生命に対する固有の権利」を有するとされている（子どもの権利条約六条一項））。

性的虐待

性的虐待に該当する行為を保護者が行った場合も、身体的虐待と同様、子どもに対する人権侵害があることは明らかである。すなわち、性的虐待の場合、子どもの性的自由（性的な事柄に対する自己決定権）が侵害されている。なお、性的虐待の中でも、「性交、性的行為」は、強制性交等罪（刑法一七七条）あるいは監護者性交等罪（刑法一七九条二項）及び児童福祉法三四条違反、「性器を触る行為」は強制わいせつ罪（刑法一七六条）あるいは監護者わいせつ罪（刑法一七九条一項）に該当し、また、「児童に性器を触らせる行為」、「児童に性器や性交を見せる行為」は児童福祉法三四条六号違反、「児童をポルノグラフィーの被写体などにする」行為は、児童ポルノ製造罪（児童買春、児童ポルノに係る行為等の規制及び処罰並びに児童の保護等に関する法七条三項）に該当するなど、性的虐待に該当する行為は、子どもに与える影響の大きさから、刑法、児童福祉法等、各種法令により懲役刑を含む刑罰が予定されている。(2)

ネグレクト

身体的虐待や性的虐待に対して、ネグレクトについては、その態様が様々であることから、具体的な態様に応じて、侵害される人権が異なる。

例えば、前項「三号　ネグレクト」で列挙した行為のうち、「児童の健康・安全への配慮を怠っている」こと（具体的には、「重大な病気になっても病院に連れて行かない」、「乳幼児を家に残したまま外出する」といった行為（不作為））については、子どもの生命・身体に対する安全が侵害されている。

また、「児童の意思に反して学校等に登校させない」、「児童が学校等に登校するように促すなど子どもに教育を保障する努力をしない」については、子どもの学習権（憲法二六条一項・二項参照）を、「食事、衣服、居住などが極端に不適切で、健康状態を損なうほどの無関心・怠慢」は子どもの「健康で文化的な最低限度の生活を営む権利」（憲法二五条一項、いわゆる生存権）をそれぞれ侵害しているといえる。

さらに、「祖父母、きょうだい、保護者の恋人などの同居人や自宅に出入りする第三者に身体的虐待、性的虐待、心理的虐待に該当する行為を行っているにもかかわらず、これを放置する」については、第三者から子どもに対する人権侵害を放置することで、間接的に身体の安全、性的自由の侵害等に加担しているものと構成することができる。

以上に対して、「保護者が児童にとって必要な情緒的欲求に応えていない（愛情遮断など）」は、いかなる人権が侵害されているかを直ちに導き出すことは困難といえる。しかしながら、子どもは適切な環境において心身ともに健全に育つ権利を有すると考えられるところ（子どもの権利条約六条参照）、その権利を実現するためには、親権者に情緒的欲求に応えてもらえる環境が必要である。そうすると、愛情遮断は、子どもが適切に育つ権利を実現するための環境を整えないものと評価できることから、子どもが心身ともに健全に育つ権利を間接的に侵害しているというべきである。この点を、日本国憲法における具体的な人権として整理するならば、幸福追求権（憲法一三条一項）ないしは同権利に包摂されるいわゆる新しい人権に位置づけられると思われる。

心理的虐待

心理的虐待のうち、「ことばによる脅かし、脅迫」、「児童の心を傷つけることを繰り返し言う」、「児童の自尊心を傷つけるような言動をする」といった保護者が言葉によって心理的な影響を与える行動や、「児童を無視したり、拒否的な態度を示す」、「他のきょうだいとは著しく差別的な扱いをする」といった保護者の態度により児童に心理的な影響を与える行動については、子どもの人格権（憲法一三条一項。個人の人格価値に関わり、それを侵害されない権利）が保護者の言動又は態度によって侵害されているといえる。

また、上述のとおり、子どもは適切に育つ権利を有するところ、その権利を実現するためには、自身の生命・身体の安全、性的自由又は人格権が侵害されるおそれのない環境下で養育されることが必要である。しかしながら、「配偶者やその他の家族などに対する暴力」、「児童のきょうだいに身体的虐待、性的虐待、心理的虐待を行うこと」といった保護者の行為は、それらの行為が子どもの目に触れることによって、子どもに対し生命・身体の安全、性的自由又は人格権が侵害される恐怖感を抱かせるものであり、かかる環境下に置かれた子どもの適切に育つ権利（幸福追求権等）を間接的に侵害しているというべきである。

3. 児童虐待が子どもに与える影響

前項で確認したとおり、児童虐待は子どもの人権を侵害し、子どもに重大な影響を与えるものである。具体的な影響は、虐待を受けていた期間、虐待の態様、子どもの年齢や性格等によって様々であるものの、①身体的影響、②知的発達面への影響、③心理的影響について、以下のようないくつかの共通した特徴が報告されている(3)。

①身体的影響

打撲、切創、熱傷など身体的虐待による傷害のほか、栄養障害や体重増加不良、低身長などが見られる。また、愛情不足により成長ホルモンが抑えられた結果、成長不全を呈することもある。そして、こうした子どもは、一時保護された後の短期間で大幅な身長の伸びや体重増加を示すことがある。さらに、身体的虐待が重篤な場合には、死に至ったり重い障害が残る可能性がある。

②知的発達面への影響

安心できない環境で生活することにより、落ち着いて学習に向かうことができなかったり、またネグレクトの状態で養育されることで、学校への登校もままならない場合がある。そのために、もともとの能力に比しても知的な発達が十分に得られないことがある。

また、虐待をする養育者は子どもの知的発達にとって必要なやりとりを行わなかったり、逆に年齢や発達レベルにそぐわない過大な要求をする場合があり、その結果として子どもの知的発達を阻害してしまうことがある。

③心理的影響

（ア）対人関係の障害

子どもにとって最も安心を与えられる存在であるはずの保護者から虐待を受けることにより、子どもは欲求を適切に満たされない状態となる。そのために、子どもは、愛着対象（保護者）との基本的な信頼関係を構築することができなくなり、結果として他人を信頼し愛着関係を形成することが困難となり、対人関係における問題を生じることがある。

（イ）低い自己評価

子どもは、自分が悪いから虐待されたのだと思ったり、自分は愛情を受けるに値する存在ではないと感じたりした結果、そのために自己に対する評価が低下して自己肯定感が持てない状態となることがある。

（ウ）行動コントロールの問題

保護者から暴力を受けた子どもは、暴力で問題を解決することを学習（誤学習）し、学校や地域で粗暴な行動をとるようになることがある。

（エ）多動

虐待的な環境で養育されることは、子どもを刺激に対して過敏にさせることがあり、そのために落ち着きがない行動をとるようになる。

（オ）心的外傷後ストレス障害

保護者から受けた心の傷（ストレス）がそのまま放置された結果、心的外傷後ストレス障害（ＰＴＳＤ）として残ることがある。

（カ）偽成熟性

虐待下にあった子どもは、保護者をはじめとした大人の顔色を見ながら生活することから、大人の欲求にしたがって先取りした行動をとるようになる場合がある。

（キ）精神的症状

反復性のトラウマにより、精神的に病的な症状を呈することもある。例えば、記憶障害や意識がもうろうとした状態、離人感等がみられる場合もあり、更には、強い防衛機制として解離が発現し、まれには解離性同一性障害に発展する場合もある。

以上のように、児童虐待は子どもの心身に重大な影響を残すものであるため、わが国では児童虐待から子どもを守るための諸制度が用意されている。次章では、この諸制度を概観する。

注

（1）以上につき、厚生労働省雇用均等・児童家庭局総務課「子どもの虐待対応の手引き（平成二五年八月　改訂版）」二頁以降。

（2）児童福祉法三四条は、「何人も、次に掲げる行為をしてはならない。」として、同条六号で、「児童に淫行をさせる行為」を挙げる。

（3）前掲「子どもの虐待対応の手引き」五頁以下。

第六章　虐待対応の法的課題

前章では児童虐待の内容を紹介したが、本章では、これに対する児童相談所の対応について簡潔に紹介する。

1．具体的な対応策

虐待対応において、児童相談所が用いる法的な対応の代表的なものとして、児童福祉法における一時保護及び児童福祉法二八条一項に基づく承認審判の申立て（以下「児童福祉法二八条の申立て」という）、民法における親権喪失及び停止の各制度がある。

これらの制度が用いられる局面は様々であるが、その一つの典型は、親子分離を図る場面である。一般に親子分離を図る必要のある場面においては、まずは保護者から同意を得ることを試み、施設入所等の措置（児童福祉法二七条一項三号、同条四項）を採る。一方で、保護者の同意が得られない場合には、児童福祉法二八条の申立てを行い、保護者の意に反してでも施設入所措置を採ることにより親子分離を実現する。

児童福祉法二八条の申立てによる施設入所措置が採られた場合であっても親権は直接的には制限されない。したがって、単に親子分離を図るだけでは足りず、その後の親権の行使自体を制限する必要がある場合には親権停止又は喪失の審判申立てを検討すべきこととなる。

以下では、これらの制度について、個別に紹介する。なお、本書の主たるテーマともいえる一時保護については特に項を改め、4において述べる。

2．児童福祉法二八条の申立て

都道府県は、[1]「保護者が、その児童を虐待し、著しくその監護を怠り、その他保護者に監護させることが著しく当該児童の福祉を害する場合」に、家庭裁判所の承認を得て、児童を児童養護施設等へ入所させる等の措置を採ることができる（児童福祉法二八条一項）。上述のとおり、かかる措置を採ることについて親権者が反対しない場合には、家庭裁判所への申立てを経るまでもなく措置を採ることが可能であるため（児童福祉法二七条一項三号、同条四項）、児童福祉法二八条の申立ては、「保護者に監護させることが著しく当該児童の福祉を害する場合」であるにもかかわらず、保護者が施設入所等の措置に同意しない場合に行われる。

児童福祉法二八条の申立てにおいては、児童養護施設への入所のほか、ファミリーホームや里親への委託、乳児院、障害児入所施設、児童心理治療施設、または、児童自立支援施設への入所を選択することが可能である。いずれも保護者による監護下では著しく児童の福祉を害する事情がある場合に、保護者による養育環境から児童を切り離すものである。なお、児童の成長その他の事情の変更に応じて措置先の施設種別が変更されることもある。

児童福祉法二八条の申立てによる措置の期間は、当該措置を開始した日から二年を超えてはならないのが原則である。ただし、保護者に対する指導措置の効果等に照らし、当該措置を継続しなければ保護者がその児童を虐待し、著しくその監護を怠り、その他著しく当該児童の福祉を害するおそれがあると認められるときには、再度家庭裁判所の承認を得て、この期間を更新することができる（児童福祉法二八条二項）。実際、二年にとどまらず、より長期の施設入所となることも珍しくない。

児童福祉法二八条の申立てによる施設入所は、児童にとってみれば、いずれの施設に入所するにせよ、自身の生活基盤となる居住場所や養育者の変更を強いるものである。そのため、当該児童の意見を把握すべく、児童福祉法二八条の申立ての審判手続においては、事件本人たる児童が一五歳以上である場合には、家庭裁判所は児童の陳述を聴かなければならない（家事事件手続法二三六条一項）。また、一五歳未満の児童については、子の陳述の聴取、家庭裁判所調査官による調査その他の適切な方法により、子の意思を把握するよう努め、審判をするに当たり、子の年齢及び発達の程度に応じて、その意思を考慮しなければならない（同六五条）。

もちろん、児童の陳述を聴き、または、意思を考慮することは必要であるものの、児童の意思はあくまでも審判における考慮要素の一つに過ぎず、常に児童の希望に沿った審判が下されるとは限らない。

3．親権停止と親権喪失

親権停止とは、親権を二年以内の期間に限り一時的に停止する制度である。家庭裁判所は、父または母の「親権の行使が困難又は不適当であることにより子の利益を害するとき」に、児童相談所長等からの請求により、その父または母について親権停止の審判をすることができる（民法八三四条の二、児童福祉法三三条の七）。

子である児童が一五歳以上である場合にその陳述を聴かなければならないとされている点（家事事件手続法一六九条一項一号）、一五歳未満の児童についてその意思を考慮すべきとされている点（同六五条）は、児童福祉法二八条の申立ての審判手続と同様である。

親権喪失とは、親権を期間の限定なく全面的に失わせる制度である。家庭裁判所は、虐待、悪意の遺棄その他父または母による「親権の行使が著しく困難又は不適当であることにより子の利益を著しく害するとき」に、児童相談所長等からの請求により、その父または母について親権喪失の審判をすることができる（民法八三四条、児童福祉法三三条の七）。前述の親権停止にとどまらず、親権を永続的に「喪失」させるには、「二年以内にその原因が消滅する見込み」がないことが必要である。単に親子分離を図るだけであれば児童福祉法二八条の申立てを選択することで足りるため、あえて親権喪失を選択するのは、親権者による親権の行使自体を永続的に失わせる必要があるケースであることが多いと思われる。例えば、虐待行為自体が極めて苛酷なものであり、親権者におよそ改善の余地が認められないなど親子再統合を全く望むことができない場合、あるいは、親権者が親権を盾に取り、児童のために必要な手続を妨害する場合等がある。

親権喪失の審判手続においても、子である児童が一五歳以上である場合にその陳述を聴かなければならないとされている点（家事事件手続法一六九条一項一号）、一五歳未満の児童についてその意思を考慮すべきとされている点（同六五条）は児童福祉法二八条の申立てや親権停止の審判手続と同様である。

4. 一時保護について

児童相談所長は、必要があると認めるときは児童の一時保護を行い、または適当な者に委託して一時保護を行わせることができる（児童福祉法三三条一項）。二〇一六（平成二八）年の児童福祉法改正により、一時保護の目的として「児童の安全を迅速に確保し適切な保護を図る」こと（いわゆる緊急保護）、「児童の心身の状況、その置かれている環境その他の状況を把握する」こと（いわゆるアセスメントのための一時保護）が明記された。

一時保護の要件は、前述のとおり、児童相談所長が「必要があると認めるとき」というもののみであり、少なくとも一時保護を開始する段階においては、家庭裁判所の審査は不要であり、児童相談所長という行政機関単独の判断により行うことが可能とされている。したがって、一時保護は、児童やその保護者の意思に反しても実施することが可能である。[2] このように一時保護の権限が強大なものとして認められているのは、「児童の安全を迅速に確保」するという一時保護の目的を達するために必要性が認められること、他方で、一時保護がその名のとおり、これによって親権者や児童が受ける権利制限が短期間にとどまることが予定されているという理由からである。[3][4]

また、一時保護の期間は、当該一時保護を開始した日から二か月を超えてはならない（児童福祉法三三条三項）。児童相談所長は、必要があると認めるときは、二か月を超えて引き続き一時保護を行うことが可能である（児童福祉法三三条四項）。二か月を超えて引き続き一時保護を行うことが児童の親権者等の意に反する場合においては、児童相談所長は家庭裁判所の承認を得なければならない。すなわち、当初一時保護をする段階においては、家庭裁判所の審査は不要とされているものの、一時保護の期間が二か月を超え、二か月を超えることが親権者等の意に反する場合には、家庭裁判所の審査に服するべきとされているのである。

この家庭裁判所の承認を得るための審判手続においては、児童が一五歳以上である場合には、家庭裁判所は児童の陳述を聴かなければならない（家事事件手続法二三六条一項）。また、一五歳未満の児童については、子の陳述の聴取、家庭裁判所調査官による調査その他の適切な方法により、子の意思を把握するよう努め、審判をするに当たり、子の年齢及び発達の程度に応じて、その意思を考慮しなければならない（同六五条）。

したがって、この限度では、家庭裁判所において子どもの意見表明の機会に対する配慮がなされいていることとなるが、一時保護を開始する段階では、少なくとも法的にはそのような機会が保障されていないことに留意される必要がある。

注

（1）入所等の措置を採る権限は都道府県知事から児童相談所長に委任されているため（児童福祉法三二条一項参照）、実際には、児童相談所長が家庭裁判所への申立てを行う。

（2）ただし、実務上は、一時保護を実施する際には、子どもと保護者に対して一時保護の理由、目的、期間、入所中の生活等について説明を行い、一時保護の同意を得て行うことが望ましいとされている（厚生労働省均等・児童家庭局総務課「子ども虐待対応の手引き」一〇六頁、平成二五年八月改訂）。

（3）桑原洋子・田村和之編『注釈実務児童福祉法』（平成一〇年、信山社）二〇七頁。

（4）児童自立支援施設において、不良性の程度が著しく、通常の監護で対応しきれない児童に対して、窓に格子のある部屋、鍵のかかる扉等の特別な設備を用いた特別な監護を実施する場合がありうるところ、かかる場合に、児童福祉法二七条の三は、児童に対する人権保障の必要から、事件を家庭裁判所に送致し、その審査に服することを求めている。しかし、同条は、児童の行動の自由を制限し、その自由を奪うような強制的措置を講じる場合であっても、児童福祉法三三条の規定により認められる場合、すなわち、一時保護を実施する場合には、家庭裁判所への送致が不要であるとあえて明記しているのであり、このような対比からも一時保護においていかに強大な権限が児童相談所長に付与されているかを窺うことができる。

第七章　子どもの人権と一時保護

前章では、児童虐待に対する児童相談所の対応一般について述べた。本章では、その対応の中でも、本書がテーマとしている一時保護の実情や一時保護所の実際、更には一時保護における子どもの権利制約について述べることとする。

1．一時保護の実情

一時保護のもたらすもの

児童福祉法三三条の規定に基づき児童相談所長が必要と認める場合には、子どもの安全を迅速に確保し、適切な保護を図るため、もしくは、子どもの心身の状況、その置かれている環境その他の状況を把握するため、子どもを一時保護することができる。一時保護は、虐待を受けた子どものみならず、非行等さまざまな主訴における子どもの最善の利益を守るために行われるものである。一時保護においては子どもの安全確保のみならず、権利擁護も図られる必要があることは言うまでもないが、現状では子どもの安全確保に重きが置かれ、子ども一人一人の状態にあわせた個別的な対応が十分ではないことや、子どものケアに関する自治体間格差や一時保護期間の長期化等の問題が指摘されているところである。

一時保護は、迅速に安全確保が図れること、虐待の影響等について生活を通じた行動観察が可能であること、保護者と距離を置いた環境の中で生活の振り返りが可能であること等のメリットもあるが、反面、一時保護中は原則登校することができない、自由に外出ができない、外部への連絡等通信が制限される、保護期間が明確ではない等、子どもの側から見ればさまざまな不自由がある。人身の自由、居住・移転の自由、教育を受ける権利等、本来児童が有する基本的人権への制約につながらざるを得ない状況がある。

二〇一八（平成三〇）年七月六日に発出された厚生労働省の「一時保護ガイドライン」（子発〇七〇六第四号厚生労働省子ども家庭局長通知）においては、一時保護中の子どもの外出、通信、面接、行動等における制限について、次のように定めている。

子どもの安全を確保するための閉鎖的環境（一定の建物において、子どもの自由な外出を制限する一時保護の環境をいう。以下同じ。）で保護する期間は、子どもの権利擁護の観点から、子どもの安全確保のために要する必要最小限とし、開放的環境（閉鎖的環境以外の一時保護の環境をいう。以下同じ）。においても子どもの安全確保が可能であると判断される場合は、速やかに開放的環境に子どもを移すことを検討する。

閉鎖的環境、開放的環境いずれにおける制限であっても、子どもの安全確保と権利制限については、常に子どもの利益に配慮してバランスを保ちつつ判断を行う。ただし、一人のこどものために、必要のない子どもまで権利が制限されることのないよう、個々に判断することが原則である。外出、通学、通信、面接に関する制限は、子どもの安全の確保が図られ、かつ一時保護の目的が達成できる範囲で必要最小限とする。

無断外出が頻繁である等の理由により例外的に行動の自由を行う場合においても、できるだけ短期間の制限とする。

子ども（一定の重大事件に係る触法少年と思料される子どもを含む。）に対して行い得る行動自由の制限の程度は、自由に出入りのできない建物内に子どもを置くという程度までであり、子どもの身体の自由を直接的に拘束すること、子どもを一人ずつ鍵をかけた個室に置くことはできない。

外出、通信、面接等に関する制限を行う場合には、子どもの安全確保のため必要である旨を子どもや保護者に説明するとともに、記録に留める。子どもがその制限に不満や不服を言う場合にも、なぜ必要なのかを時間をかけて納得が得られるようにする努力が求められる。

一時保護中は外出、通信、面接、行動等について制限がなされるが、子どもの最善の利益に配慮して、常に子どもの安全確保とバランスを保ちつつ判断を行い、その範囲は必要最小限である必要がある。また、一人の子どものために必要のない子どもまで権利が制限されることのないよう、個別的に判断することが原則となる。

一時保護所の実際

実際の一時保護所の現場における対応の状況については各自治体間で取組は様々であり、必ずしも全国で統一した運用がなされているわけではないが、ここでは岡山県と岡山市の児童相談所に設置された一時保護所を例に挙げ実情を紹介したい。

子どもが自ら希望したわけではない中での入所となることが多い一時保護所であるが、そこでの生活には様々なルールが存在する。一時保護所入所に際しては、一時保護所利用におけるしおり（図7－1）が子どもに手渡され、日課票（図7－2）に基づいて職員からガイダンスがなされる。子どもは同様に一時保護となっている他児との集団生活を送ることとなり、入所に至る経

図 7-1　子ども向け利用のしおり（図左、右に一部拡大）

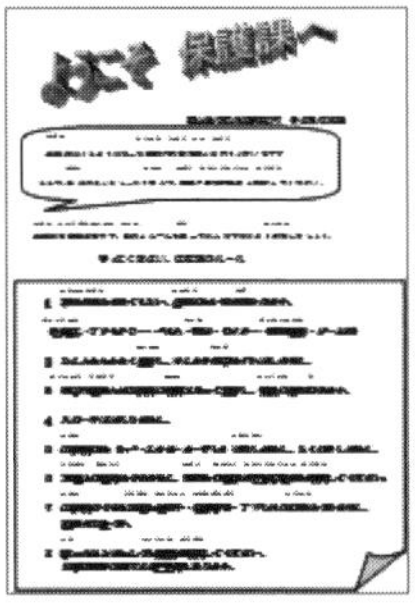

保護課にくるようになった目的や理由は個々に違うと思いますが、ここで自分のことをしっかり考えて、家族や担当福祉司と相談してください。

保護課は集団生活です。日課とルールを守ってみんなでなかよく生活しましょう。

守ってください。保護課のルール

1 荷物点検をさせてもらい、必要のない物は預かります。（化粧品 / アクセサリー／ベルト／財布／ライター／携帯電話／ゲーム類）
2 みんなとなかよく生活し、けんかや仲間はずれはしません。
3 学習や運動など保護課の日課にそって生活し、職員の話を聞きます。
4 人のへやには入りません。
5 保護課の物（かべ／ふすま／カーテン）は壊しません、らくがきしません。
6 友達との連絡はできません。家族との連絡は担当福祉司と相談してください。
7 保護課でできた友達と住所や・電話番号・アドレスの交換はできません。恋愛も禁止です。
8 困ったことはなんでも職員に相談してください。
　1 階事務所の廊下には意見箱もあります。

図 7-2　子ども向け保護者の日課票（図左、右に一部拡大）

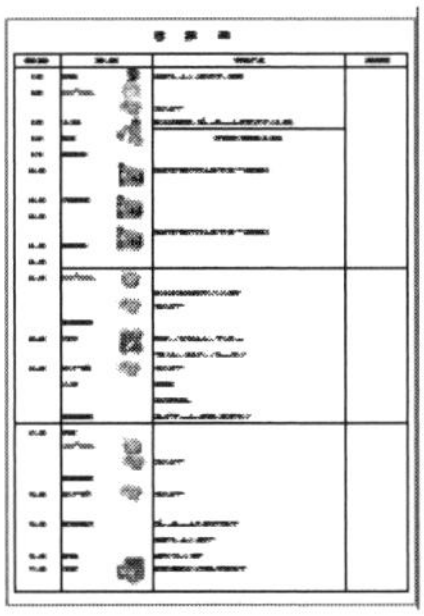

7:00	起　床	着替え／ふとん片付け／洗面
7:30	朝ごはん	はみがき
9:00	そうじ	自分の部屋／プレールームの片付けとそうじ
9:15	朝　礼	（土曜日は風呂そうじ）
9:20	1時間目	
10:00		学習室で勉強します（月～金曜日）
10:10	2時間目	
10:50		学習室で勉強します（月～金曜日）
11:00	3時間目	
11:40		
11:50	昼ごはん	自分の洗濯物をたたみます はみがき
	自由時間	
13:30	運　動	野球／バトミントン／サッカー／マラソン／テニス
14:30	おやつ①	はみがき
	入　浴	お風呂　洗濯物干し
	自由時間	テレビゲーム／読書／卓球など
18:00	終　礼	
	夕ごはん	はみがき
20:00	おやつ②	はみがき
20:45	就寝準備	プレールームを片付けます　着替え／ふとん敷
21:00	就　床	布団に入ります
22:00	消　灯	部屋の明かりを消して寝ます

写真 7-1　児童の居室（擦りガラスと窓にはストッパーが設置）

写真 7-2　電子ロックで施錠される境戸が設置された廊下

写真はいずれも筆者撮影。

緯は様々であるにもかかわらず、多くは管理的な都合により、公平性の名のもとにどの子どもも同一の日課・ルールの中での生活を送ることになる。児童虐待を理由に一時保護となった子どもも非行を主訴として保護に至った子どもも、原則同一の生活を送ることとなるのである。

生活場面においては、外部からの侵入者すなわち保護者等による連れ戻しを阻止するといった防犯的な視点や周囲へのプライバシー面での目配りといった倫理的配慮を目的とし、施設は高いフェンスで覆われており、居室の窓には全開にならないようストッパーが設置されている。また、居室の窓には擦りガラスが設置されているため窓外の景色をうかがうことができない（写真7－1）。さらには、電子ロックによる幾重にもわたる扉が存在しており（写真7－2）、一時保護所内での子どもの動向については、複数の監視カメラによってモニター管理等がなされている（写真7－3）。こういった処遇は、大人の側から見れば防犯上の配慮や子どもの安全確保のために必要かつやむを得ない対策であるとも言えなくはないが、一時保護所で生活する子どもの側から見れば、あたかも施設内へ閉じ込められているかのように感じたり、過度に窮屈な思いを抱き、心理的なストレスを高めてしまう可能性もある。一時保護中の子どもの快適な生活環境の確保と、セキュリティを優先した防犯上の配慮は表裏の関係にあり、集団処遇であることから、さらに管理的な側面が加わることにより、より一層子どもの負担感を高める結果につながってしまうことが多い。ある子どもは一時保護所を「優しい刑務所」と表現した。

写真 7-3　天井には監視カメラが設置

　子どもの安心安全を確保しつつ、子どもの最善の利益や権利を保障するために、一時保護所をはじめとした児童相談所の職員は精一杯の努力をし、配慮に腐心しているものの、やはり一時保護所での子どもの暮らしについては客観的な視点から見ると「不都合な現実」が横たわっていると言わざるを得ない。

　一時保護した後の子どもとの面接については基本的に児童相談所のみが行うこととなっており、保護者及び関係者はもちろんのこと外部の関係機関ですらシャットアウトした環境の中で支援方針が検討されることが多い。そういった意味で一時

図 7-3　1 日当たり保護人員及び平均在所日数

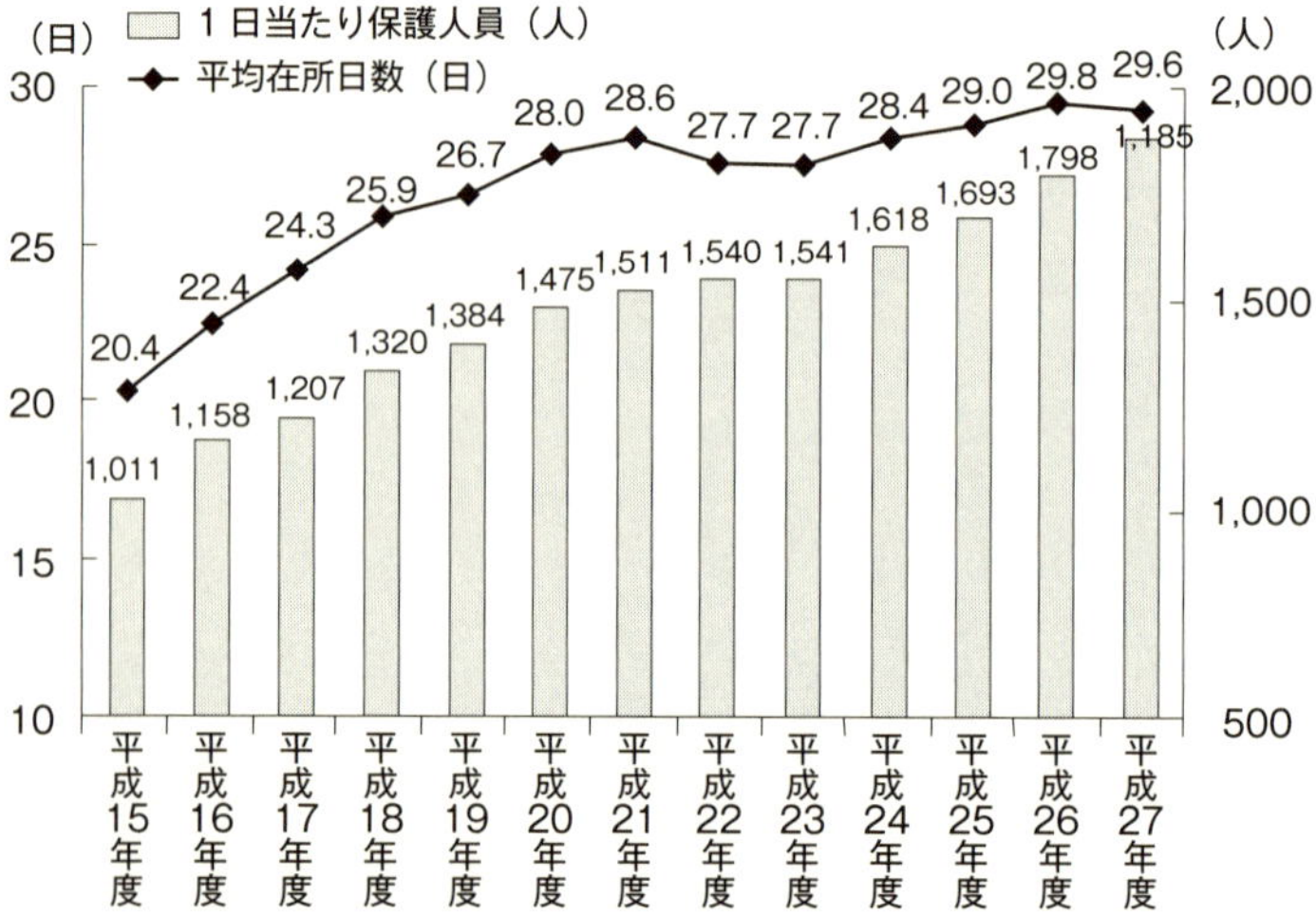

出典：全国児童福祉主管課長・児童相談所長会議資料

保護所での子どもの生活の様子が外部に公開される機会は極端に少なく、言わばアンタッチャブルな領域として取り扱われてきた。そのため、児童相談所は児童相談所以外の機関が子どもと接したり、意見を聴取することに慣れておらず、自らの面接を客観視する場面が乏しいのではないかと考える。

一時保護は保護される子どもの数、平均在所日数ともに増加傾向にある。二〇一五（平成二七）年度における平均在所日数の平均値は二九・六日（図7－3）となっている。近年においては虐待のおそれがあれば躊躇なく一時保護を実施しており、「疑わしきは保護」という原則の中で結果的に保護期間が短期間のケースも増えているにもかかわらず平均在所日数は長くなっている。全国の児童相談所で期間の長短には非常にばらつきがあるが、一時保護となった子どもの多くは、自身に全く非がないにもかかわらず前述したように権利の制約を受けている状態にあることから、一時保護の期間は可能な限り短くしなければならないことは言うまでもない。しかし、子どもの安全確保的側面に重点が置かれ過ぎることにより、時として児童相談所の現場においてすら権利の主体として子どもの最善の利益を尊重する視点が欠落し、いたずらに一時保護の期間が長期化し、子どもに不当な権利制約を強いるおそれがある。それは状況によっては虐待よりも子どもの権利を損なう結果につながりかねないという前提を忘れてはならない。子どもの一日は重いのである。

今後にむけた動き

児童虐待防止対策強化の流れの中で、児童の権利擁護、児童相談所の体制強化及び関係機関間の連携強化等の措置を講じる「児童虐待防止対策の強化を図るための児童福祉法等の一部を改正する法律」(二〇一九(令和元)年六月二六日公布)の附帯決議において、一時保護を必要とする子どもが一時保護中においても従前の学校に通学できるようにするなど、子どもの生活環境に配慮した一時保護所の環境改善に努めることとされた。また、「児童虐待防止対策の抜本的強化について」(二〇一九(平成三一)年三月一九日児童虐待防止対策に関する関係閣僚会議決定)を踏まえ、一時保護中の子どもの権利擁護について改めて重点が置かれ、第三者評価の重要性の議論も高まっているところである。

いずれにしても、一時保護には子どもの権利の制約が伴うという前提について意識を高く持ち、画一的な処遇ではなく個々の子どもの状況にあわせた個別的な対応を図っていくこと、そのためには一時保護所がブラックボックスになるのではなく、客観的な評価も入るようなシステム整備や子どもの意見をしっかりと聴き取る仕組みや手続保障の確保にも目配りが必要となる。一時保護は児童相談所業務において要とも呼べる機能である。子どもの支援のために一時保護所は欠くことのできない重要な場所である。躊躇なき保護を判断していくためにも、一時保護所での暮らしは子どもが安心できるものでなければならず、保護期間は可能な限り短期間にしていく必要がある。

2. 一時保護所での権利制約

前章で説明したとおり、一時保護は、児童相談所長又は都道府県知事（以下「児童相談所長等」という）が、必要があると認めるときに、子どもの安全を迅速に確保し適切な保護を図るため、又は子どもの心身の状況、その置かれている環境その他の状況を把握するために行われる行政処分である（児童福祉法三三条一項、二項）。

そして、一時保護がなされると、多くの場合、子どもは、保護者及び養育環境から引き離され、児童相談所が設置する一時保護所（児童福祉法一二条の四）に入所することとなる。このように一時保護は、子どもを一時的に保護者及び養育環境から分離するものであり、子どもにとっては、突然の保護者との隔離や養育環境の変化により、精神的に大きな不安を伴うものである(1)。

また、一時保護所では、虐待を受けた子ども、非行を行った子ども、障害のある子どもなど、多様な背景や特性を持つ子どもたちが同一の施設内で処遇されているため、一時保護所に入所した子どもたちは、入所当日から必然的に見ず知らずの他児（しかも、年齢や性別、所属、従来の養育環境等が異なる児）との共同生活を強いられることとなるのであって、その意味でも子どもに掛かる精神的な負担は極めて大きいと考えられる。

一時保護は、親権者等の意に反して二か月を超えて一時保護を継続する場合に、いわゆる引き続いての一時保護に関する家庭裁判所の承認審判が必要となることを除いて、児童相談所長等の独自の判断で行えるものであり、条文上、親権者等や子どもの同意は要求されていない。いうまでもなく、一時保護は、児童相談所長等が、子どもの最善の利益を図るために行うものであるが、当の子どもたちの事前の意思確認が必ず行われるというわけではなく、したがって、自ら望んで一時保護所に来ていない子どもも一定数存在する(2)。

以上の点に関連して、子どもの権利条約は、七条において、児童は「できる限りその父母によって養育される権利を有する」とした上で、九条において、「権限のある当局が司法の審査に従うことを条件として適用のある法律及び手続に従いその分離が児童の最善の利益のために必要であると決定する場合」を除いて、「締約国は、児童がその父母の意思に反して父母から分離されないことを確保する」と規定している。

ところが、先に述べたとおり、一時保護がなされると、子どもは保護者による養育環境から引き離されることとなるわけであるから、子どもの権利条約七条との関係でいえば、一時的な措置であるとはいえ、一時保護を受けた児童の、同条に定める「父母に養育される権利」が制約されることとなる。また、子どもの権利条約九条との関係でも、前述のとおり、一時保護は、引き続いての一時保護を行う場合に家庭裁判所の承認審判が必要となることを除いて、司法審査を経ることなく児童相談所長等の独自の判断で行えるものであることから、同条に違反している疑いがある。現に、二〇一六（平成二八）年の児童福祉法等改正により、親権者等の意に反する二か月超えの一時保護について司法審査が導入された今も、国連子どもの権利委員会[3]は、日本の第四回・第五回統合定期報告書に関する総括所見[4]において、「委員会は以下のことを深刻に懸念するものである。(a) 家族から分離される子どもが多数にのぼるとの報告があること、および、子どもは裁判所の命令なくして家族から分離される可能性があり、かつ最高二か月、児童相談所に措置されうること。」と述べ、わが国の一時保護制度の問題点を指摘している。

さらに、一時保護は、緊急保護等の目的や、保護者からの分離という実際上の効果からも推察されるとおり、子どもにとっては、当該子どもが福祉的な支援を受ける初の機会となることも少なくない。[5] つまり、一時保護は、多くの子どもにとって、児童相談所等による「支援の入り口（出発点）」となり得るものなのである。

以上のような一時保護の性質に鑑みれば、一時保護後の子どもの生活拠点となる一時保護所は、元来、常に温かい雰囲気で安心できる場所であるとともに、子どもたち一人一人が個人として尊重される場所でなければならないはずである。[6]

しかし、実際には、子どもの安全確保という要請に重きが置かれ、子ども一人一人の状態に合わせた個別的な対応が十分できていない面があることや、ケアに関する自治体間の格差、学校への通学ができないことが多いなど学習権保障の観点からの問題、一時保護期間の長期化などの問題が指摘されている。[7]

また、子どもが権利の主体であることが条文上明らかにされ（児童福祉法一条参照）、一時保護の目的が明確化された二〇一六（平成二八）年の児童福祉法等改正の理念を具体化するために、厚生労働大臣が参集し開催された有識者による「新たな社会的養育の在り方に関する検討会」で取りまとめられた二〇一七（平成二九）年八月二日付「新しい社会的養育ビジョン」においても、一時保護の閉鎖的な空間、子どもの生活の質を担保する支弁の不足、職員配置の不十分さ、全国の一時保護所の格差等の問題が指摘され、一時保護という制度について見直しの必要性が提言されている。

以上のような問題意識を踏まえて、一時保護中、特に一時保護所における生活の中で実際に生じている子どもの権利制約について検討する。

3. 一時保護所における様々な権利制約

一時保護所では、先に述べたような緊急保護等の一時保護の目的や、他児との集団生活等の関係で、子どもに対して様々な権利制約がなされることがある。以下では、その中でも代表的なものをいくつか列挙し、説明することとしたい。

「教育を受ける権利」の制約

一時保護所で生活する子どもは、年齢や所属する学校の状況等の要素にも左右されるが、ほとんどの場合、一時保護所から学校に登校することができず、一時保護所の学習室等で学校の種別や学年の異なる他児との共同学習等を余儀なくされる。また、学習内容は、プリントやドリルなどによる自習形態が多く、学校の授業に比べると学習時間も限定されている。

ここで、「教育を受ける権利」は、日本国憲法二六条一項が定める基本的人権であり、同条二項は、同条一項の教育を受ける権利を保障するために、全ての国民に対して、その保護する子女に普通教育を受けさせる義務を課している。そして、子どもに普通教育を受けさせる義務を負う者は、親権者または未成年後見人（以下「親権者等」という）であり（学校教育法一六条）、親権者等は、子どもを小学校等に就学させる義務を負う（同法一七条）とされている。

もっとも、一時保護が行われた子どもについては、親権者等がいない場合には、児童相談所長が親権を代行し（児童福祉法三三条の二第一項）、親権者等がいる場合でも、一時保護中は親権者等において子どもの監護教育を行うことが事実上不可能となることから、児童相談所長が、監護、教育及び懲戒に関し、子どもの福祉のため必要な措置を採ることができるとされている（児童福祉法三三条の二第二項）。したがって、学校教育法一七条が定める、親権者等の「子どもを小学校等に就学させる義務」についても、一時保護が行われた子どもについては、児童相談所長が親権者等に代わって履行しなければならないと考えるのが、自然な解釈である。

そうすると、学校への登校が認められていない一時保護所の子どもについては、児童相談所長による就学義務の不履行とも評価されうるものであり、仮にそうまではいえなくとも、少なくとも一時保護所で生活する子どもの「教育を受ける権利」が一定程度制約されていることは明らかである。

「居住・移転の自由」、「人身の自由」の制約

全国で統一的な運用がなされているわけではないが、少なくとも岡山県及び岡山市の一時保護所では、外部からの侵入者や保護者等による連れ戻しを阻止するといった防犯上の理由や子ども

の安全確保という目的から、居室の窓には全開にならないようストッパーが設置されていたり、擦りガラスが設置されていたりしている。また、敷地の出入口や建物玄関はもとより、建物内の扉にもシリンダー錠や電子ロック等が設置されており、監視カメラによるモニター管理等もなされている。

かような状況を前提とすると、一時保護所で生活する子どもは、さながら刑務所や拘置所のように、敷地外への移動はもちろん、建物や敷地内での簡易な移動でさえ保護所職員の協力なくしては自由に行えないこととなるから、日本国憲法二二条の「居住・移転の自由」、及び同法三一条の根底にある「人身の自由」が制約されていることは明らかである。

「知る権利」、「通信の自由」の制約

一時保護所で生活する子どもは、子どもの精神の安定や外部への情報の流出防止等のために、スマートフォン・携帯電話などの通信機器の使用や外部の友人等との連絡が禁止されていることが多く、家族との面接や電話についても、児童相談所職員や保護所職員の許可なく行うことができないのが通常である。そうすると、子どもは、インターネットの利用はもちろん、家族や友人とも自由に連絡をとることができないため、テレビなどの限られた情報源を除いて、外部の情報から一切遮断されることとなる。

かかる状況は、日本国憲法二一条一項の「表現の自由」の現代的な発現形態としての「知る権

利」、及び同条二項後段の前提としての「通信の自由」を著しく制約するものである。

「自己決定権」の制約

全国的な運用は必ずしも把握できていないが、少なくとも岡山県及び岡山市の一時保護所では、他児への心理的な圧迫や非行傾向の伝播等を防止する等の理由から、頭髪については黒髪が基本とされており、黒色以外の髪色の子どもについては、遺伝や環境的な要因によるものである場合を除いて、入所時に保護所職員が染色剤による黒染めを行っている。そして、子どもが黒染めの指示に従わない場合には、その子どもについていわゆる「個別処遇」（原則として他児との接触・交流を禁止し、他児とは別の日課で、専ら個室での生活を強いること）を実施することとされている。

また、一時保護所における服装についても、岡山県及び岡山市の一時保護所では、子どもは原則として自身の私服を着用することができず、一時保護所が提供した衣服を着用することが義務づけられている。

髪形や服装などの一定の重要な私的事柄については、日本国憲法一三条の「幸福追求権」の一部を構成する「自己決定権」として、元来個人において自由に決定できるはずであるから、上記のような一時保護所の運用は、上記「自己決定権」を制約するものといえる。

以上のとおり、一時保護所で生活する子どもは、子どもの安全確保や精神の安定、他児への影響等を理由として、諸々の権利制約を受けている。

さらに、近年の全国的な一時保護期間の長期化の問題と相まって、一時保護所における権利制約の程度はより深刻なものになっている(8)。

しかし、いくら一時保護が子どもの最善の利益を図るための制度であるとはいえ、人権制約が無制限に許容されるものではないことは当然であり、もとより、子どもの場合に限らず、一個人の権利を制約するには、当該制約を正当化するだけの合理的な理由が存在しなければならないはずである。

また、仮に当該権利制約につき合理的な理由が存在するとしても、その理由については、不意に一時保護所での生活を余儀なくされ、様々な権利制約を受けることとなった子どもたちに対してすべからく説明されなければならない。

こうした権利制約の根拠についての説明は、適正手続の確保という観点からも、また、現実に不利益を被っている子どもたちに実質的な意見表明の機会を与えるという意味においても、極めて重要なプロセスである。

この点に関連して、子どもの権利条約一二条は、同条約の締約国が、子どもの意見表明権を保障すべき旨を規定しているが、一時保護所の中で様々な権利制約を受けている子どもたちは、自己の意見を表明する機会を十分に与えられているのであろうか。

次章では、当該問題意識の根幹にある子どもの権利条約一二条の制定経緯や趣旨等を振り返った上で、わが国における他の法制度との比較を行いながら、一時保護所における適正手続や子どもの意見表明権の保障の問題について検討を加えることとする。

注

（1）一時保護ガイドライン四－五頁参照。
（2）二〇一八（平成三〇）年三月に全国の児童相談所を対象に実施されたアンケート調査によれば、一時保護の必要性について「必ず子ども本人の同意を確認する」と回答した割合は六三・一％、「同意を確認しないこともある」と回答した割合は三三・六％となっており（三菱ＵＦＪリサーチ＆コンサルティング「平成二九年度子ども・子育て支援推進調査研究事業　一時保護された子どもの権利保障の実態等に関する調査研究報告書」一一頁）、約三分の一の児童相談所では、事案によっては、一時保護の必要性について子ども本人の同意の有無を確認しないことがあるとの結果が出ている。
（3）国連子どもの権利委員会は、子どもの権利条約四三条に基づき設置された委員会であり、同条約の締約国に対して、定期的に、条約において認められる権利の実現のためにとった措置及びこれらの権利の享受についてもたらされた進歩に関する報告を行うことを約束させたうえで（同条約四四条）、その報告を審査し、実施状況に関する問題点を指摘したり、今後の改善の方向性を具体的に勧告したりしている（同条約四五条）。
（4）子どもの権利条約ＮＧＯレポート連絡会議訳文 https://www26.atwiki.jp/childrights/pages319.html
（5）一時保護ガイドライン五頁参照。
（6）和田一郎『児童相談所一時保護所の子どもと支援』二七頁（明石書店、二〇一六年）、安部計彦『一時保護所の子どもと支援』一六二頁（明石書店、二〇〇九年）参照。

なお、一時保護ガイドラインにおいても、その冒頭で、「子どもの権利擁護が図られ、安全・安心な環境で適切なケアが提供されることが重要である」との指摘がなされている。

（7）一時保護ガイドライン一頁参照。

（8）桑原洋子・田村和之編『注釈実務児童福祉法』二〇六頁（信山社、一九九八年）では、一時保護の期間について、「法令上、具体的な定めはない。一部の児童相談所では、この期間を一週間とか、二〇日程度としているところもあるようだが、児童及び親の権利制限を伴うことを考慮すれば、その期間は、一時保護の目的を達成するのに必要最小限でなければならない。」との解説がなされている。

しかし、二〇一七（平成二九）年度の福祉行政報告例によれば、二〇一五（平成二七）年度の一時保護所での平均在所日数は、全国平均で二九・六日となっている。すなわち、わが国における近時の一時保護期間は、上記解説が元来想定していた期間（一週間ないし二〇日よりも更に短い必要最小限の期間）よりもはるかに長くなっていることに留意すべきである。

コラム

精神科医療における非自発的入院での人権的配慮

小野 善郎

児童相談所の一時保護と同じように、司法手続きを必要としない自由と行動の制限として、精神科医療における非自発的入院がある。精神疾患のために入院治療が必要であるが、精神症状のために入院の必要性が理解できず、入院治療に同意できない場合、精神保健及び精神障害者福祉に関する法律（以下、精神保健福祉法という）に基づいて本人の同意がなくても入院させることができる。このような非自発的入院には措置入院、応急入院、医療保護入院があり、いずれも精神保健指定医の診察などの手続きを要するものの、一時保護と同じように裁判所の決定は必要としない点で共通している。

精神科医療における非自発的入院については、長い議論の歴史があり、現在は精神保健福祉法によって細かく規定されており、患者の人権への配慮として、入院時には書面で権利等を告知することが義務づけられ、信書の発信と人権に関する行政機関の職員および代理人である弁護士との電話・面接の制限はしてはならないと法で定められている。また、退院や処遇改善の請求をすることも保障されている。都道府県及び指定都市は精神医療審査会を設置して、入院の必要性や処遇が適切かどうかを審査させ、必要に応じて都道府県知事等は退院や処遇改善を命ずることができるようになっている。

精神科医療は治療を目的とした医療行為であるので、医師の診断に基づく判断が基本だが、非自発的入院の要否と隔離や身体拘束などの行動制限の要否の判断は、厚生労働大臣が指定した精神保健指定医でなければ行えない。そして、精神保健指定医に指定されるためには、法令で規定された審査を受けて、その職務を行うのに必要な知識と技能を有すると認められなければならない。さらに、五年ごとに更新の際には所定の研修の受講が義務づけられている。

児童虐待対応における子どもの保護にせよ、精神科医療における入院医療にせよ、司法手続きによらない個人の自由と行動の制限には、人権への配慮と高度の倫理観が求められる。精神科医療の立場から児童相談所の一時保護の現状を見ると、子どもの人権への配慮が制度的に欠損していることは明らかである。子どもの自由と行動を制限する法的根拠、その適否の判断の手続き、告知と異議申し立ての手続きはあいまいで、実際に子どもは自分の置かれた状況を理解できず、これから先の見とおしも示されないまま、一時保護所で過ごしている。すべては子どもの「保護」のために合理化されるとすれば、それは保護の濫用と言わざるをえない。

虐待対応では子どもの安全を守ることが最優先であるのはいうまでもないが、だからといって子どもの権利が制限されていいわけではない。問題は、子どもの安全を守ると同時に、子どもの権利が十分に保障されているかである。一時保護所での子どもの処遇改善にとどまらず、一時保護制度そのものが子どもの人権への配慮を明確に示し、子どもの権利を保障するものにならなくてはならない。

第八章　子どもの意見表明権のあり方

1．子どもの権利条約一二条について

第四章で紹介したとおり、子どもの権利条約一二条は、「子どもの意見表明権」について定めた条文である。

同条は、一項前段において、「締約国は、自己の意見を形成する能力のある児童がその児童に影響を及ぼすすべての事項について自由に自己の意見を表明する権利を確保する。」として、意見表明権の保障を規定し、同項後段において、「この場合において、児童の意見は、その児童の年齢及び成熟度に従って相応に考慮されるものとする。」としている。そして、二項では、一項

の意見表明権の保障を実現するために、「児童は、特に、自己に影響を及ぼすあらゆる司法上及び行政上の手続において、国内法の手続規則に合致する方法により直接に又は代理人若しくは適当な団体を通じて聴取される機会を与えられる。」と規定し、意見表明権の手続的権利としての実効を求めている（以上はいずれも、いわゆる政府訳を記載している）。

本条の原案は、一九七九（昭和五四）年一〇月にポーランドによって提案されたものであるが、同原案では、「婚姻、職業の選択、医療、教育及びレクリエーションに関する事項について、自己の意見を表明する権利を与えなければならない。」（条約草案七条）とされていた。すなわち、上記ポーランドが提案した原案では、子どもの意見表明権を、子どもが自分自身についての生活や生き方、健康や自己形成など、「幸福追求」について自由に自己の意見を表明し、その意思が親を含む大人の社会によって尊重され、受容されることを求める権利として位置付けていた。[1] かかる制定過程での議論を踏まえて、本条は、特に教育及び福祉の分野では、子どもの自己決定的な権利の行使に道を開く権利であると理解されてきたようである。

もっとも、意見表明権の意義については、上記見解のほかにも、子どもとかかわる様々な司法判断や行政措置を講ずる際の「手続的権利」であると理解する説や、自由権規約一九条を踏まえ、表現の自由などの市民的権利の系で理解しようとする説、一三条（表現・情報の自由）や一五条（結社・集会の自由）などと併せて、「子どもの参加の権利」として理解しようとする説など諸説存在する。[2]

しかしながら、これらの説のように、意見表明権の意義を、ある特定の権利のみに着目して一面的に理解するのは相当とはいえない。

この点、国連子どもの権利委員会は、「意見を聴かれ、かつ真剣に受けとめられるすべての子どもの権利は、条約の基本的価値観のひとつを構成するものである」として、子どもの権利条約一二条を同条約の四つの一般原則の一つに位置付けており[3]、「同条はそれ自体でひとつの権利を定めているというのみならず、他のあらゆる権利の解釈および実施においても考慮されるべきであることを強調」している[4]。例えば、意見表明権は、子どもの年齢と成熟度の高い段階では、自己決定権とほぼ同義となり得るものであり、その意味で自己決定権に繋がる権利として理解されているし、表現の自由のカテゴリーでは意見表明の自由とも理解できる。さらに、意見表明権は、自己に影響を及ぼす全ての事柄の決定過程に参加する権利としての意味も包含しており、ひいては、自身の最善の利益を確保する際の手続的権利としての意義を有している。このように、子どもの権利条約一二条の意見表明権は、個人と集団の権利の両方を含むものであり、複合的な性格を持つ権利として理解するのが相当である[5]。

国内の立法・施策との関係はどうか。一般に、条約と法律の効力関係については、条約が優位すると考えられている。したがって、日本が批准した子どもの権利条約を、国内に適用するに当たっては、同条約に抵触する法律は改正する必要が生ずる[6]。

先に紹介した一二条を含む、子どもの権利条約を踏まえたわが国における立法・法改正等の例としては、二〇一一（平成二三）年の家事事件手続法の制定や、二〇一六（平成二八）年の児童福祉法改正等を挙げることができる。

このうち、家事事件手続法については、項を分けて詳しく説明するが、二〇一六（平成二八）年児童福祉法の改正では、子どもの権利条約の精神と理念を同法に盛り込むべく、一九四七（昭和二二）年の同法制定当初から改正されていなかった理念規定が大幅に改正され、その一条において、子どもの権利条約の精神にのっとり、全ての子どもが福祉を等しく保障される権利を有すること、すなわち、子どもが権利の主体であることが明記されるとともに、同二条において、児童の年齢及び発達の程度に応じて、その意見が尊重され、その最善の利益が優先して考慮されるべきであることが規定されるに至った。

2．少年司法制度について

少年法とは

罪を犯し、刑罰法令に触れ、あるいはそのおそれのある少年を取り扱う法制度のあり方のことを、一般に「少年司法制度」という。そして、現在のわが国の少年司法制度の中で、とりわけ重要な位置を占めているのは、「少年法」である。

現行の少年法（以下「現行少年法」という）は、一九四八（昭和二三）年七月一五日に公布され、一九四九（昭和二四）年一月一日に施行されたものであるが、その前身である、わが国における最初の少年法（以下「旧少年法」という）は、一九二二（大正一一）年に制定され、一九二三（大正一二）年に施行されている。すなわち、わが国の少年法は、一九八九（平成元）年に採択され、一九九四（平成六）年にわが国が批准した子どもの権利条約よりもはるかに長い歴史を有している(7)。

現行少年法は、一条において、「この法律は、少年の健全な育成を期し、非行のある少年に対して性格の矯正及び環境の調整に関する保護処分を行うとともに、少年の刑事事件について特別の措置を講ずることを目的とする。」と規定し、同法の目的が、「少年の健全な育成」のために少年に対して保護処分及び刑事事件に関する特別の措置を講じることにあることを宣言している。また、本条には掲げられていないが、上記目的以外にも、人権の保障、事案の真相解明、適正な処分決定、迅速な審判等も少年法の目的に含まれると解されている(8)。

少年司法手続における付添人の役割

少年法等が規定するわが国の少年司法手続は、一般的に、①捜査、②家庭裁判所送致、③調査、④審判（保護処分等の決定の言渡し）という流れを辿ることが多いが、これらの一連の手続において、少年は、捜査段階における逮捕・勾留、家庭裁判所送致後の少年鑑別所送致の観護措置（少年法一七条一項二号）等、審判に至るまでの間に身柄拘束を受けることがある。

また、最終的に家庭裁判所が行う審判手続（少年法二二条）においては、保護処分として、児童自立支援施設等への送致決定（同法二四条一項二号）や少年院への送致決定（同項三号）がなされ、以後、強制的にこれらの施設での生活を余儀なくされることもある。

このように、少年司法手続においては、身体や移動の自由等、少年の人権に制約を加える手続や処分があり、適正な処遇決定には困難も伴うことから、少年の権利や利益を損なう危険性がないとはいえず、非行事実が争われる場合、保護環境の調整を必要とする場合など、少年の正当な利益を擁護する必要性が高い事件も存在する。そこで、少年の正当な利益を擁護し、適正な審判・処遇決定のために活動する者として、「付添人」の制度が定められている。(9)

具体的には、少年は、固有の権利として、「付添人」を選任する権利が法律上認められており（少年法一〇条）、一定の重大な事件においては、国費で報酬がまかなわれる国選付添人が選任されることもある（少年法二二条の三）。(10)

国選付添人制度は、二〇〇〇（平成一二）年の少年法改正で新設された制度であり、必ずしも子どもの権利条約との関係は明らかではないが、その後、二〇〇七（平成一九）年、二〇〇八（平成二〇）年、二〇一四（平成二六）年にそれぞれ法改正が行われ、国選付添人が選任されうる事件の対象範囲が拡大している。

付添人は、記録・証拠物の閲覧権（少年審判規則七条）、身柄拘束中の少年との面接権（少年鑑別所法八一条）、証拠調べ手続における立会・尋問・証拠調の申出等の権限（少年法一四条、一五条等）、審判に出席し意見を述べる権利（少年審判規則二八条の四第五項、二九条の二、三〇条）、審判で少年に発問する権利（同二九条の四）、保護処分決定に対する抗告権・再抗告権（少年法三二条、同三五条一項）等の種々の権限を有しており、その役割については諸説あるものの、一般的には、少年の協力者やパートナーのような立場で、事案の真相解明や適正な処分決定に資するための活動や、少年を取り巻く環境を調整する活動等、少年の正当な利益を擁護するための様々な活動を行っている。

少年司法制度に関する子どもの権利条約の規定と国連準則

ところで、少年司法手続については、わが国の現行少年法より歴史の浅い子どもの権利条約も、非行少年の人身の自由や少年司法手続上の諸権利について、詳細な規定を設けている。

例えば、子どもの権利条約四〇条は、少年司法手続を中心とする少年司法運営における権利保障と基本制度のあり方を規定する条文であるが、同条文は、少年司法に関する国連最低基準規則（いわゆる「北京ルールズ」）により敷衍されている。(11)

また、子どもの権利条約三七条は、身体拘束処分時の権利保障について規定する条文であるが、同条文は、自由を奪われた少年の保護に関する国連規則（いわゆる「ハバナルールズ」）により敷衍されている。[12]

これらの条約の規定及び同規定を具体化した国際準則が、現行少年法の近年の法改正にいかなる影響を与えているのかは必ずしも明らかではないが[13]、子どもの権利条約にしても現行少年法にしても、その元来の目的が、少年の手続保障や正当な権利利益の擁護にあることは、およそ相違のないことであろうから、今後も、子どもの権利条約の精神と理念はわが国の現行少年法に根付き続けるものと思われる。

以上のとおり、わが国の少年司法手続においては、少年の正当な利益を擁護するための制度として「付添人」制度が法定されており、国選付添人の選任対象事件が一定の重大事件に限定されているなどいまだ不完全な制度ではあるものの、少年は、付添人を選任する権利を有しており、仮に付添人が選任されれば、少年は、少年司法手続のあらゆる場面において、当該付添人を通じて自身の認識や意見を述べることができる。

このような法制度は、ひいては子どもの権利条約一二条が定める子どもの意見表明権の保障にも繋がるものであり、極めて重要な存在意義を有するものである。

3．家事事件制度について

家事事件手続法とは

家事事件手続法は、二〇一一（平成二三）年五月二五日に公布され、二〇一三（平成二五）年一月一日に施行された、家事審判に関する事件及び家事調停に関する事件の手続を定める法律である。

「家事事件」というと、広くは、家族生活に関する、すなわち「家庭の平和と健全な親族共同生活の維持」（家事審判法一条参照）に影響のある身分上及び財産上の全ての事件を意味するが[14]、家事事件手続法は、そのうち「家事審判及び家事調停に関する事件」を「家事事件」と定義し（同法一条）、家庭裁判所で行われる家事審判の手続、高等裁判所で行われる抗告事件の手続、最高裁判所で行われる特別抗告事件及び許可抗告事件の手続、家事調停の手続等のほか、これらの付随的又は派生的な事項の決定についての手続等を子細に規定している。

家事事件手続法が制定されるまでは、一九四七（昭和二二）年に制定された「家事審判法」により家事事件に関する諸手続が定められていたが、その後、わが国の家族をめぐる社会状況、国民の法意識が著しく変化し、家族間の事件の中にも関係者の利害の対立が激しく解決の困難な事件が増えてきたため、当事者が主体的に関わるための機会を保障し、裁判の結果について当事者等の納得を得られるように、当事者等の手続保障や手続を利用しやすくするための制度の創設・見直しを行うべく、上記新法が制定されたものである[15]。

家事事件手続法の特徴

子どもの権利条約の批准後に制定された家事事件手続法は、先述した子どもの権利条約一二条等の趣旨を踏まえて、家事事件の結果により影響を受ける子どもの福祉に配慮することを目的として、以下のとおり、子の意思の把握や手続参加等に関する各種の規定を設けている。

まず、同法では、意思能力のある子どもには、基本的に子どもが影響を受ける家事事件において自ら手続行為をすることを認め、法定代理人によることなく自ら申立て又は参加をすることができるようにしている（家事事件手続法一一八条、一五一条二号、一六八条等）。

また、相当な場合には、子どもを職権で手続に参加させ（同法四二条三項、二五八条一項）、弁護士を子どもの手続代理人に選任することを可能にし（同法二三条）、子どもが手続に参加していない場合であっても、子の監護に関する処分の審判事件、親権喪失等の審判事件、親権者の指定又は変更の処分の審判事件、児童福祉法二八条に基づく措置承認審判事件等、一定の事件類型においては、子どもから陳述の聴取をしなければならない旨を定めている（同法一五二条二項、一六九条等）。さらに、事件類型を問わず、一般的に子の意思把握に努め、その意思を考慮すべきことを定めている（同法六五条、二五八条一項）[16]。特に、弁護士による子どもの手続代理人の制度は、少年司法制度における付添人制度に類似するものとして、子どもの手続保障の観点からも、意見表明権の観点からも極めて重要な制度であり、今後も積極的な活用が期待されるところである。

以上のとおり、家事事件は、その結果が子どもの福祉に重大な影響を及ぼす可能性があることから、家事事件手続法は、子どもの意見表明に関して、子どもの権利条約一二条等の趣旨に沿った各種の規定を設けており、先に説明した現行少年法と比べても、より直接的な形で、子どもの意見表明権の保障を図っている。

4．一時保護が行われた子どもの意見表明権

以上見てきたように、付添人・代理人の選任や手続への参加、陳述聴取や意思の考慮等の法律上の規定が存在する上記二つの国内の法制度とは異なり、児童相談所長が行う一時保護については、例外的に親権者等の意に反して二か月を超えて一時保護を継続する場合に、いわゆる引き続いての一時保護の承認審判手続において家事事件手続法上の子の陳述聴取が行われる可能性があ

るだけで、それ以外に子どもの意見表明権を実質的に保障するような法律上の規定は存在しない。しかし、非行を行った少年に対する処分を決定する少年司法手続とは異なり、一時保護は、保護者による虐待や保護者の不存在等、子どもの意思や問題行動とは無関係に行われることも多い。また、第七章で詳述したとおり、一時保護は、それ自体が子どもに対する種々の権利制約を伴うものである上、保護期間の上限を定める規定すら存在しないのであり、その意味では、身柄拘束期間が法律で厳格に決められている少年司法手続や刑事手続より人権制約の程度が大きいといっても過言ではない。

にもかかわらず、一時保護が行われた子どもについて、意見表明権を含む子どもの権利保障のための具体的な規定がほとんど存在しないというのは、ひとえに立法の不備というほかなく、速やかな法改正が望まれるところである。

注

(1) 喜多明人・森田明美・広沢明・荒牧重人編『逐条解説子どもの権利条約』一〇〇頁(日本評論社、二〇〇九年)参照。

(2) 前掲『逐条解説子どもの権利条約』一〇一頁では、「上記のような理解のなかで、子どもの意見表明権は、子どもの自身の問題の決定に際して、広く子ども自身の意思を反映させる適正手続を求める権利であり、かつ、自己の生活条件(みずからの成長発達の場を含む)や社会条件の決定に対して、子ども自身の意思を尊重すること(自己決定の促進)を求めた権利である、ということができる」との説明がなされている。

（3）他の一般原則は、差別の禁止に対する権利（子どもの権利条約二条）、生命および発達に対する権利（同条約三条）、そして、子どもの最善の利益の第一義的考慮（同条約六条）である。

（4）国連子どもの権利委員会一般的意見一二号（二〇〇九年、日本語訳・平野裕二）パラグラフ二参照。

（5）以上につき、前掲『逐条解説子どもの権利条約』六－七頁参照。

（6）広沢明『憲法と子どもの権利条約』九九頁（エイデル研究所、一九九三年）。なお、武内謙治『少年法講義』五三頁（日本評論社、二〇一五年）では、子どもの権利条約の原則と精神を国内の立法や政策に反映させるための方法として「権利基盤型アプローチ」が紹介されている。

（7）もっとも、子どもの権利条約の淵源は、一九五九（昭和三四）年に国際連合総会で採択された「児童の権利に関する宣言」であるとされており、その出発点としての国際社会における子どもの権利の概念化・体系化の動きは、一九二四（大正一三）年に国際連盟が採択した「児童の権利に関するジュネーブ宣言」までさかのぼると言われている。

（8）田宮裕・廣瀬健二編『注釈少年法』三一－三三頁（有斐閣、第四版、二〇一七年）参照。

（9）前掲・田宮裕・廣瀬健二編『注釈少年法』一五〇頁参照。なお、付添人制度の歴史は古く、旧少年法においても「附添人」が認められていたが（旧少年法四二条）、保護事件の範囲が限定されていたことなどから、弁護士が附添人として活動することは乏しかったようである（同頁参照）。

（10）また、少年は、捜査段階では、「被疑者」として、成人と同様に、「弁護人」の選任権が認められており（刑事訴訟法三〇条）、被疑者に対して勾留状が発せられている場合において、被疑者が貧困その他の事由により弁護人を選任することができないときは、被疑者国選弁護人の選任を求めることもできる（刑事訴訟法三七条の二）。

（11）北京ルールズ一四・二は、「手続は、少年の最善の利益に資するものでなければならず、かつ、少年が手続に参加して自らを自由に表現できるような理解し易い雰囲気の下で行われなければならない。」と規定している。

(12) ハバナルールズ一八（a）は、「少年には弁護人選任権が保障されるべきであり、かつ、無償の法律扶助が利用可能な場合にはそのような扶助を申請すること、および弁護人と定期的に接見交通することを可能とされなければならない。」と規定している。

(13) わが国が子どもの権利条約を批准する前年の一九九三（平成五）年に発刊された、前掲・広沢明『憲法と子どもの権利条約』一〇五頁では、子どもの権利条約の批准を受けた現行少年法の改正の必要性について、「本条約に照らして、付添人を必ず付ける制度（必要的付添人制度）を導入し、付けられない者に対する国費による保障（国選付添人制度）を確保する形に、少年法を改正する必要があろう。」との問題提起がなされていた。

(14) 梶村太市・徳田和幸編著『家事事件手続法』三頁（有斐閣、第三版、二〇一六年）参照。

(15) 金子修編『一問一答家事事件手続法』三－七頁（商事法務、二〇一二年）参照。

(16) 以上につき、前掲・金子修編著『一問一答家事事件手続法』三二－三四頁参照。

コラム

「子どもの最善の利益」と何か――「最善の利益」と「意見表明権」の関係を考える

石倉 尚

子ども福祉や法的対応の現場にいると、しばしば、親や関係者から「子どもの最善の利益」という言葉を耳にしたり、ときには自らその言葉を発したりすることがある。

しかしながら、あえて自戒の念を込めて指摘するものであるが、これらの発言が、当該発言者において「子どもの最善の利益」が何たるかを真に理解し、概念の複雑さや評価の困難さを適切に認識した上でなされているかは大いに疑問であり、ともすれば、保護者だけではなく、当該子どもの支援者や判断権者までもが、「子どもの最善の利益」というキーワードを、子どもにかかわる自己の判断や決定を正当化するためのマジックワードとして安易に使用していないか、危惧を覚えることが少なくない。

そこで、本コラムでは、「子どもの最善の利益」概念について、本書のメインテーマである「子どもの意見表明権」との関係に言及しながら、若干の整理を試みることとしたい。

「子どもの最善の利益」という概念は、一九五九（昭和三四）年に国連総会が採択した児童の権利宣言において初めて登場したと言われている。児童の権利宣言において、「子どもの最善の利益」概念は、一方で、子どもの保護と発達のために法律を制定するにあたっての最優先の考慮事項として、他方で、子どもの教育・指導に責任を負う者の指導原理として位置づけられていた。

これに対して、一九八九（平成元）年に国連総会で採択され、一九九〇（平成二）年に発効した子どもの権利条約では、三条一項で「児童に関するすべての措置をとるに当たっては、公的若しくは私的な社会福祉施設、裁判所、行政当局又は立法機関のいずれによって行われるものであっても、児童の最善の利益が主として考慮されるものとする。」と規定され、「子どもの最善の利益」概念は、子どもにかかわる全ての公的及び私的な活動に関する第一次的考慮事項と位置づけられるようになった。

そして、条約成立から二〇年以上が経過した二〇一三（平成二五）年、国連子どもの権利委員会は、「自己の最善の利益を第一次的に考慮される子どもの権利（三条一項）」に関する一般的意見一四号（以下「一般的意見一四号」という）を採択し、ようやく「子どもの最善の利益」について委員会としての正式な解釈を示すに至った。

一般的意見一四号では、「子どもの最善の利益」について、次のとおり、数々の重要な解釈が示されている。

＊「子どもの最善の利益」は、①実体的権利（争点となっている問題について決定を行なうためにさまざまな利益が考慮される際、自己の最善の利益を評価され、かつ第一次的に考慮される子どもの権利であること）、②基本的な法的解釈原理（ある法律上の規定に複数の解釈の余地がある

場合、子どもの最善の利益にもっとも効果的にかなう解釈が選択されるべきであること）、③手続規則（意思決定プロセスに、当該決定が当事者である子ども（たち）に及ぼす可能性のある影響についての評価が含まれなければならず、ある決定を正当とする理由の説明において、この権利が明示的に考慮に入れられたことが示されなければならないこと）の三つの側面を網羅する概念であること（パラグラフ六、七）

＊「子どもの最善の利益」は、子どもにかかわる全ての決定及び活動において保障されるものであり、個人としての子どもだけではなく、特定ないし不特定の子どもの集団、子どもたち一般に関わる決定においても正当に考慮されなければならないこと（パラグラフ六、一七、二三等）

＊「子どもの最善の利益」の概念は、動的かつ複雑で、柔軟性および適応性を有するものであり、その内容は個別の事案ごとに、当事者である子ども（たち）が置かれた特定の状況に従って、その個人的な背景、状況、ニーズ等の諸要素を比較衡量して評価されるべきであること（パラグラフ一一、三二、三四、四八〜五一等）

これらを要約すると、「子どもの最善の利益」は、子どもにかかわる全ての決定及び活動において当該子どもの利益が第一次的に考慮されることを保障する実体的かつ手続的な権利であり、その適正な評価のためには、個別の事案ごとに、当該子どもの置かれている特定の状況下に表れる諸要素を正確に把握し、これらを総合的に考慮する必要があるということである。

また、一般的意見一四号における「動的」、「柔軟性および適応性を有する」等の文言からもうかがわれるとおり、「子どもの最善の利益」の評価は、決して一回限りのものではなく、当該子どもが置かれている状況次第で常に変わりうるものであり、したがって、問題となる局面ごとに再検討と再評価を行う必要が生じることにも留意が必要である。

以上の概略的な説明だけでも、「子どもの最善の利益」の評価が、常に複雑かつ慎重な判断を伴うものであり、およそ「一筋縄ではいかない」ものであることが理解できるであろう。

さらに、一般的意見一四号は、「子どもの最善の利益」の評価の際に具体的に考慮すべき要素として、次の七つの要素を列挙している。

①子どもの意見（パラグラフ五三、五四）
②子どものアイデンティティ（パラグラフ五五〜五七）
③家庭環境の保全および関係の維持（パラグラフ五八〜七〇）
④子どものケア、保護および安全（パラグラフ七一〜七四）
⑤脆弱な状況（パラグラフ七五、七六）
⑥健康に対する子どもの権利（パラグラフ七七、七八）
⑦教育に対する子どもの権利（パラグラフ七九）

ここで注目すべきは、一般的意見一四号が掲げる考慮要素の最上位に、「子どもの意見」が挙げられていることである。

一般的意見の中で各考慮要素の優先関係が示されているわけではないが、右のような考慮要素の掲載順序に鑑みれば、国連子どもの権利委員会は、「子どもの最善の利益」の評価に当たって考慮されるべき七つの諸要素のうち、「子どもの意見」を最も重要視しているとみるのが自然である。

なお、一般的意見一四号は、子どもの権利条約一二条が規定する「子どもの意見表明権」と、同条約三条一項が規定する「子どもの最善の利益」との関係性について、次のように説明している（パラグラフ四三）。

＊「子どもの最善の利益の評価には、子どもに影響を与えるすべての事柄について自由に自己の意見を表明し、かつ表明された意見を正当に重視される子どもの権利の尊重が含まれなければならない。」

＊「これら二つの条項は補完的な役割を有しており、前者が子どもの最善の利益の実現を目指す一方で、後者は、子どもに影響を与えるすべての事柄（子どもの最善の利益の評価を含む）において子ども（たち）の意見を聴きかつ子ども（たち）を包摂するための方法論を提供している。一二条の要素が満たされなければ、三条の正しい適用はありえない。」

すなわち、国連子どもの権利委員会は、「子どもの意見表明権」を、「子どもの最善の利益」を確保するために必要不可欠な権利と位置づけているのであり、かかる委員会の考え方からも、「子どもの意見表明権」の重要性が看取できるところである。

以上、「子どもの最善の利益」概念を、子どもの権利条約の実施機関である国連子どもの権利委員会の解釈に基づき概観してきたが、必ずしも同委員会の示す解釈や方法論が全ての事案になじむとは限らないし、同委員会の見解さえ頭の中に入れておけば、それだけで当然に「子どもの最善の利益」が導かれるというわけでもない。

実社会における個別の事案において、子どもにかかわる諸要素を比較衡量しながら、最終的に「子どもの最善の利益」を評価し、決定するのは、他でもない子どもの支援に携わっているわれわれ大人たちであり、それなればこそ、われわれ一人ひとりの努力と研鑽なくして「子どもの最善の利益」の実現はなし得ないものである。

二〇一六（平成二八）年の児童福祉法等改正により、一九四七（昭和二二）年の制定当初から見直されていなかった児童福祉法の理念規定が改正され、新設の二条において「児童の年齢及び発達の程度に応じて、その意見が尊重され、その最善の利益が優先して考慮され」るべきであることが明記されるなど、近年、わが国の児童福祉分野においても、「子どもの最善の利益」、「子どもの意見表明権」の重要性が改めて注目され始めている。

今こそ、現場関係者はもとより、自治体・国レベルで、「子どもの最善の利益」、「子どもの意見表明権」について本格的に議論すべき時期であり、実際にそのような潮流が生まれつつある。このような流れの中で、本書で紹介したわれわれの意見聴取の取組みが、わが国における更なる議論の発展の一助となることを期待したい。

第三部　一時保護児童の意見聴取の実践と課題

第九章　弁護士による子どもの意見聴取

1．意見聴取の実施

意見聴取の実施に至った経緯

第二部で説明したとおり、一時保護所で生活する子どもは、子どもの安全確保、精神の安定、他児への影響等の理由で、多岐にわたって重大な権利制約を受けている。しかしながら、児童相談所の内部では、かような子どもの権利制約の実態が特段意識されることはなく、「一時保護所のルール」という形式で、あたかも一般社会に普遍的に存在する規律のように、当然のこととして運用されてきたきらいがある。

われわれ弁護士は、児童相談所の非常勤弁護士として、日常的に児童相談所の法的対応や研修等に携わる中で、上記一時保護所の実態を目の当たりにし、ともすれば子どもの最善の利益の実現という大義名分のもとに、より深刻な権利侵害にも発展しかねない現在の状況に対して強い疑問と危惧を抱くようになった。

そこで、基本的人権の尊重と社会正義の実現を使命とする弁護士として、適正手続の保障（憲法三一条参照）及び子どもの意見表明権の保障（子どもの権利条約一二条）の観点から、一時保護所において種々の権利制約を受けている子どもに対して児童相談所及び一時保護所の職員からしかるべき説明が行われているか否かを確認するために、岡山県及び岡山市の児童相談所の理解と協力を得て、両相談所が運営する一時保護所に入所する子どもからの意見聴取を実施することにした。

意見聴取の方法

今回、われわれは、以下のような方法によって、岡山県及び岡山市の一時保護所を利用している子どもからの意見聴取を面接形式で実施した。

① 面接での聴き取りは、子どもと面識のない「弁護士」が行う。
子どもが普段から接している児童相談所の児童福祉司や児童心理司、一時保護所の職員等

ではなく、初対面の弁護士が面接を行うことにより、子どもに、なるべく児童相談所や一時保護所、保護者等との関係を意識しない状態で、自由に、忌憚のない意見を表明してもらうことを意図したものである。

また、法律の専門家である弁護士が、面接の冒頭で、弁護士の仕事や今回の面接の目的等を説明することにより、子どもに対して、自らが権利の主体であることを認識してもらうという意味合いもある。

② 面接は、原則として「児童相談所の面接室」で行う。

①と同じく、一時保護所ではない場所で面接を行うことにより、子どもに、なるべく児童相談所等との関係を意識しない状態で、自由に、忌憚のない意見を表明してもらうことを意図したものである。

もっとも、例外的に、心理的に不安定な状態にある等の理由で一時保護所の外に出ることが困難な子どもについては、一時保護所の面接室で面接を実施した。

③ 弁護士が事前に確認する情報は、子どもの名前と年齢（学年）に限定する。

弁護士が、面接前に子どもに関する情報をむやみに得すぎていると、無用な誤解や先入観が生じる可能性があり、これによって不適切な誘導が行われるなどして自然で公正な聴き取りを行えなくなるおそれがあるからである。

④ 録音は行わない。その代わりに、子どもと面識のない児童相談所職員が立ち会い、発言内

容を手書きで記録する。録音を行うと、子どもが必要以上に警戒・委縮し、自由な発言を行えなくなるおそれがあるからである。

⑤ 面接は、小学校高学年以上の子どもに対して行う。

子どもの権利条約一二条一項にいう「自己の意見を形成する能力のある児童」の範囲や考え方については、諸説あるものの、少なくとも概ね小学校高学年以上の子どもであれば、相応の意見形成能力を有しており、このたびの弁護士による意見聴取手続に適合すると考えたからである。もっとも、子どもの最善の利益を図るに当たって、小学校高学年に満たない子どもの意見や意思をないがしろにしてはならないことは当然である。

子どもへの事前の説明事項

弁護士が、具体的な聴き取りを行う前に、子どもに説明した事項は、概ね以下のとおりである。なお、自己紹介を兼ねて、弁護士の職務についても簡単に説明している。

① 本調査は、あなたを含む一時保護所で生活している子どもたちから、一時保護所についての意見を聞くものであること。

② 現在、各地の一時保護所で、今回のような意見聴取を実施するための制度作りを検討しており、聴き取り調査の結果は、匿名化を行った後、今後の制度作りを検討するための材料

として、外部で使用（学会での発表、公刊物への掲載等）される場合があること。
③　質問をするのは、児童相談所の担当者や一時保護所の職員ではなく、「弁護士」という法律の専門家であること。
④　児童相談所の担当者や一時保護所の職員に秘密にしてほしいことがあれば、秘密にすることも可能であること。
⑤　あなたの意見は、今後の制度作りの参考にさせてもらうが、必ずしもあなたの意見が実現されるわけではないこと。
⑥　この調査に協力するかどうかは、あなたの自由であり、必ずしも全ての質問に答える必要はないこと（答えたくない質問には答えなくてもよいこと）
⑦　途中でやめたくなったら、いつでも調査を中止できること。

子どもからの聴取事項

①～⑦の事前説明の後に、弁護士が、具体的に子どもから聴取した事項は、概ね以下のとおりである。

①　一時保護所に入所した理由について、児童相談所職員からどのような説明を受けているか。
②　上記①の入所理由の説明及び一時保護所で生活することについて、納得（同意）しているか。

③　（必要に応じて日課表やルール表を見せながら）一時保護所での生活・ルールについて、良いところや悪いところ、分からないところ、改善してほしいところ等はあるか。これらの日課やルール等について、児童相談所職員や一時保護所職員からはどのような説明を受けているか。

④　今後の見通し（いつまで一時保護所にいるのか、一時保護所を出た後にどこで生活をするのか等）について、児童相談所職員からどのような説明を受けているか。

⑤　今後も一時保護所で生活したいと思うか。

⑥　その他、不安なこと、弁護士に聞きたいこと、誰かに伝えたいこと等はあるか。

前述のとおり、今回の意見聴取の目的は、あくまで一時保護所の子どもに適正手続ないし意見表明権の保障がなされているか否かを確認することにあり、聴取者である弁護士が、少年法上の「付添人」や家事事件手続法上の「子どもの手続代理人」のように、子どもの意見を代弁したり、権利利益の確保のための活動を担うわけではないため、入所に至る経緯や虐待・非行等の内容、退所後の生活等のケースワークに関係する事項についてはあえて細かく質問していない。また、子ども一人当たりの面接時間は、概ね三〇分ないし一時間程度であった。

2．子どもたちの意見

面接を実施した子どもたちについて

一時保護所で面接した子どもたちの総数は、四〇名にのぼる。

子どもたちの属性としては、男子二〇名、女子一九名であり、小学生が二一名、中学生が一二名、高校生が四名という割合である（総数と人数が合致しないのは、年齢・性別について公表しないで欲しいという意見が複数名からあったためである）。

現状についての意見

① 一時保護所に入所することに関する説明の有無

一時保護所に入所することについて、事前に児童相談所職員等から説明があったか否かについて質問したところ、ほぼ全ての子どもが「説明を受けた」と回答した。ただし、「一時保護所に入所すること」について説明を受けたと回答した子どもの中でも、「自分が一時保護所に入所することになった理由」については、具体的な説明を受けていない、あるいは「よく覚えていない」といった回答が見られた。

図 9-1　一時保護所に対する意見

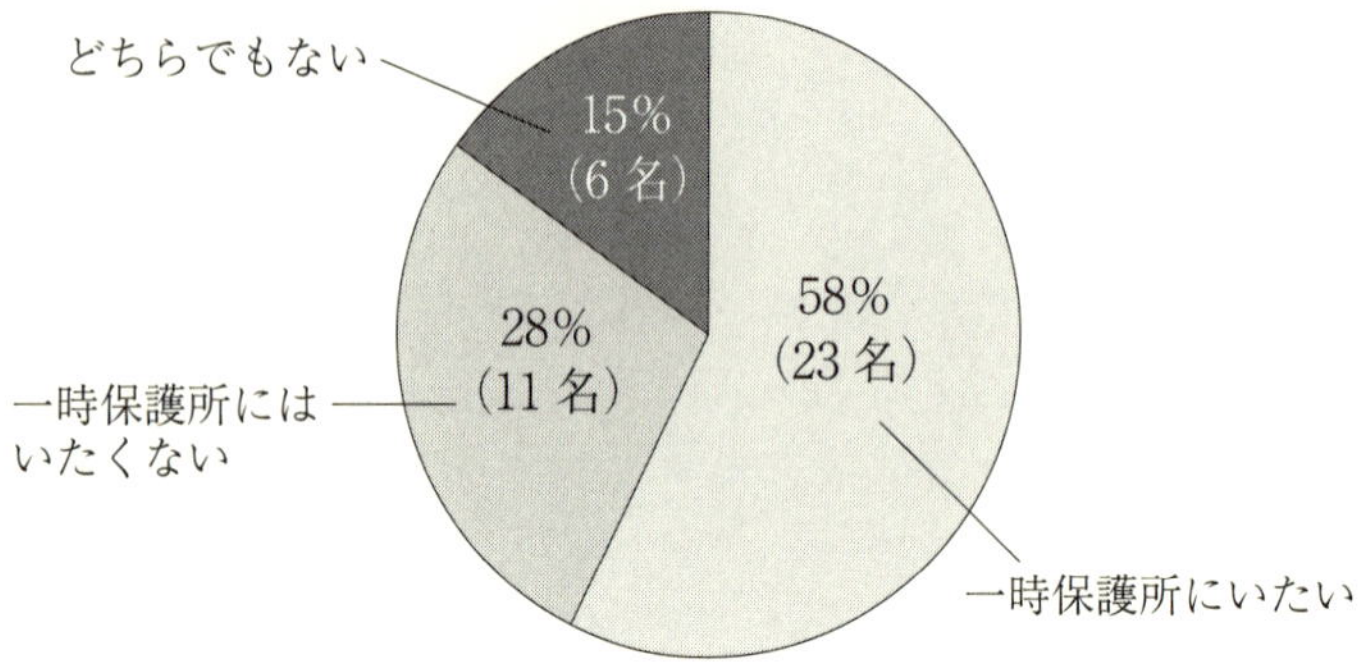

② 一時保護に対する意見

一時保護に対する意見として、「一時保護所にいたい」か「一時保護所にはいたくない」かという質問を行ったところ、「一時保護所にいたい」と回答した子どもは二三名（五八％）、「一時保護所にはいたくない」と回答した子どもが一一名（二八％）、「どちらでもない」と回答した子どもが六名（一五％）であった（図9－1）。

上記のうち、「一時保護所にはいたくない」と回答した子どもの性別・年齢を分析したところ、男子六名、女子四名であり、小学生四名（小学校三年生、小学校四年生、小学校五年生、小学校六年生）、中学生五名、高校生一名であった。なお、うち一名は年齢・性別ともに明らかにしないでほしいという回答であった。

面接した子どもを小学生グループと中学生・高校生グループに分けた場合、不満を表明した子どもの割合は、小学生グループで一九％であったのに対し、中学生・高校生グループでは三七・五％と、割合のみに着目すれば、年齢が高くなるにつれて一時保護所に対しての不満を表明しやすい傾向を示しているようにも見える。しかしながら、中学生・高校生グループで不満を表明した子どもの中には、ぐ犯傾向があるために一時保護所に入所した子どもが少なからず含まれており、入所理由が回答に反映された可能性があるため、上記データのみをもって、年齢と一時保護に対する意見の相関関係を読み取ることは難しいと考えられる。

③ 一時保護所での生活に対する不満

また、子どもたちに対し、一時保護所での生活に対する不満を質問してみたところ、「一時保護所での生活に対する不満がある（一部不満がある）」と回答した子どもが二四名（六〇％）、「一時保護所での生活に対する不満はない」と回答した子どもが一一名（二八％）、「分からない」と回答した子どもが五名（一三％）と、前記②で挙げた「一時保護所にいたい」と回答した子どもの中でも、一時保護所での生活に対する不満を述べる子どもが複数見られた（図9－2）。

子どもたちから挙がった不満としては、「外部との連絡に関する不満（外部と連絡が取りたい、スマートフォンを持ち込みたい、インターネットを使いたい）」八名、「一時保護所での集団生活に対する不満（集団生活そのものが苦手、馬が合わない子どもがいるなど）」七名、「食事に対する不満（量が少ない・多い、好きなものを選べるようにしてほしいなど）」七名、「学習環境

図 9-2　一時保護所に対する不満の有無

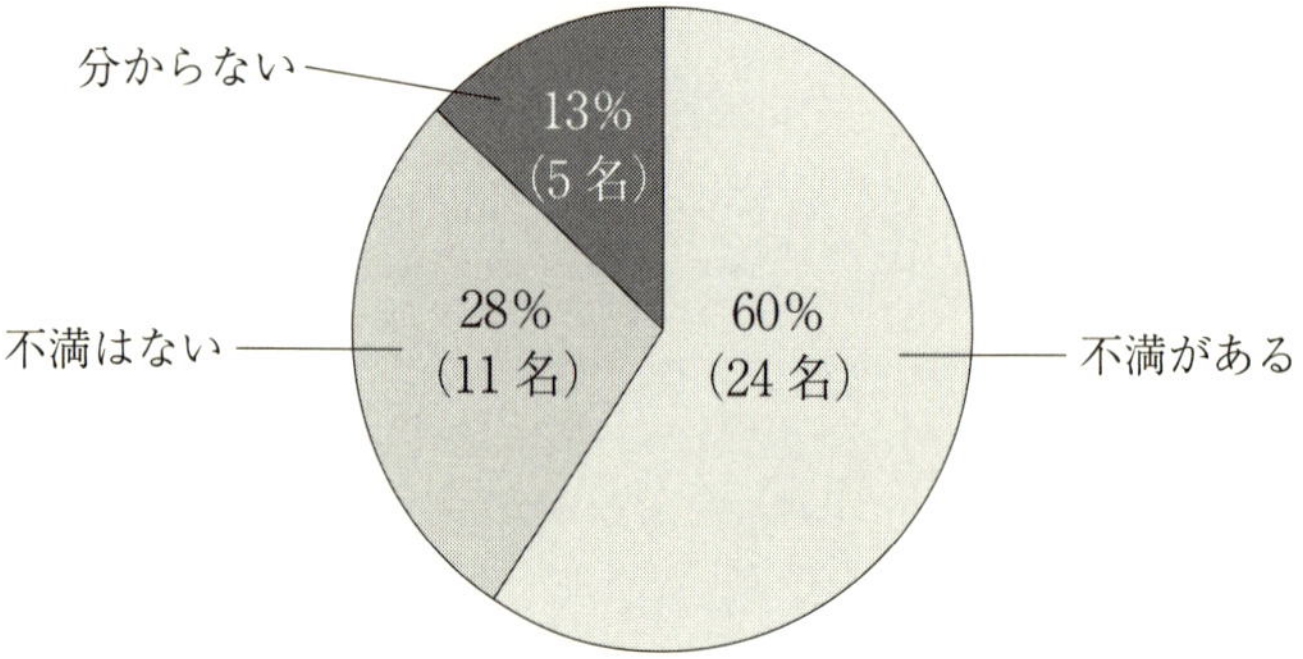

に対する不満（学習時間が少ない、集中できる環境ではないなど）」四名、「外出できないことに対する不満（学校に行きたいなど）」四名、「頭髪に関するルールに対する不満（一時保護所に入所する際に黒染めすることに納得ができないなど）」三名、「運動に関する不満（運動時間が短いなど）」一名、「睡眠に関する不満（睡眠時間が短い）」一名などが挙がった。

上記のほかにも、「歯磨きの回数が多い」、「一時保護所でできた友人と連絡先を交換できないことはおかしい」、「一人部屋は寂しい」、「一時保護所は退屈」、「ゲームの時間が少ない」等の声も挙がった。

なお、上記の統計は不満の項目ごとに集計しているため、一人で複数の不満を述べる子どもについては、複数の項目において人数に挙がっていることもある（図9－3）。

上記の不満の中で、一番多くの不満が挙げられたのが、「外部との連絡に関する不満」である。そし

図 9-3　一時保護所に対する不満の内容

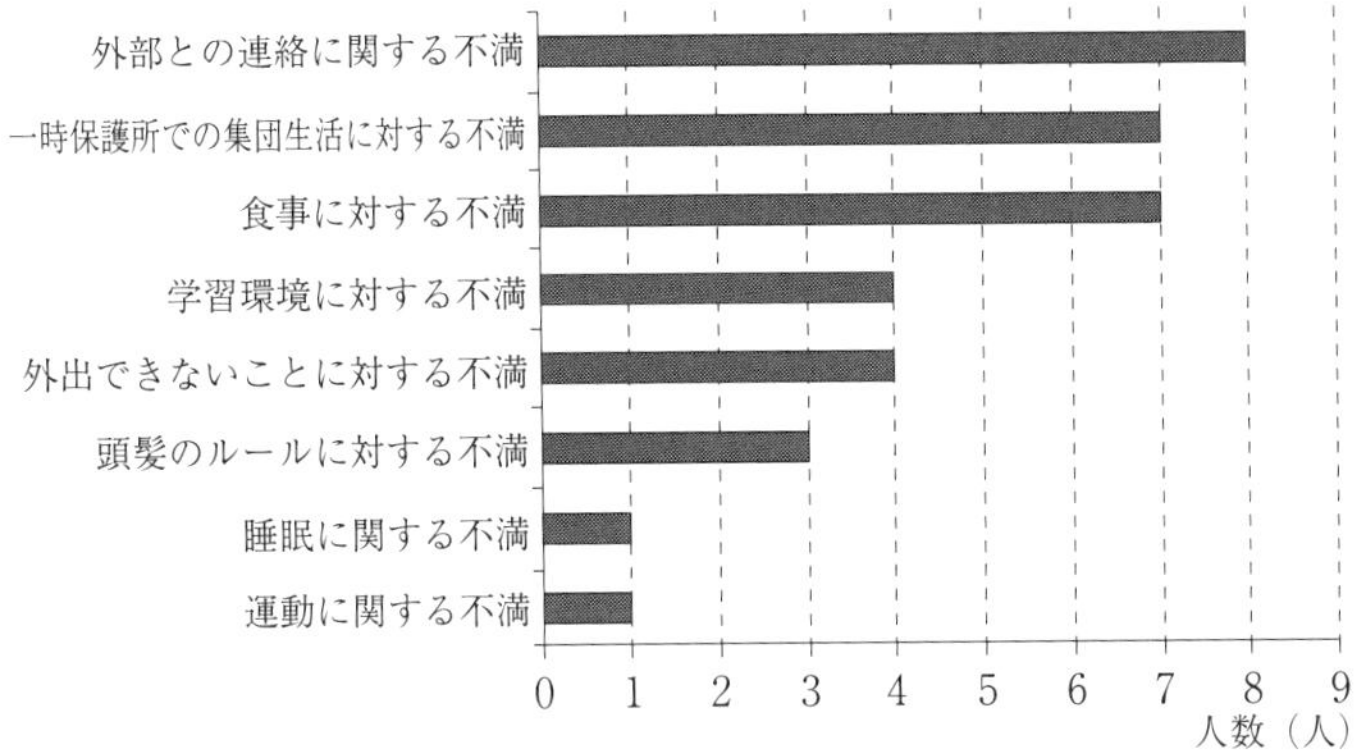

て、その中でも最も多かったのが、一時保護所内へのスマートフォン（あるいは携帯電話）の持ち込み不可とするルールに対しての不満である。この不満を述べたのは、主に中学生・高校生グループであり、「友人に連絡を取りたい」という意見が多かった。

次に多かった「一時保護所での集団生活に対する不満」としては、「他の子がうるさい」、「他の子との馬が合わない」といったものであった。この不満は全ての年代の子どもに見られた不満であった。

また、「食事に対する不満」では、「食事が少ない」という不満が多数を占め、主に不満を抱いていたのは男子であった。その他にも、「食事の内容を選べるようにしてほしい」、「おやつは自分の好きに買いに行かせてほしい」といった意見もあった。

「学習環境に対する不満」については、上記の三つと比較すれば、不満として述べた人数は若干少なく表示されているが、明確に不満であるとまで述べていない子どもの中にも「一時保護所に来ているからしょうがない」という感覚で回答している子どもが多いように感じられた。

「頭髪に対する不満を」述べた子どもは、三名に留まっているものの、不満の程度は非常に強固なものであった（一時保護所に入所する際には、頭髪を黒染めにすることがルールとされているが、このルールには納得していないというもの）。

その他に多く述べられたのが、歯磨きの回数が多いというルールである。一時保護所では、食事やおやつをとるたびに歯磨きをすることが定められており、結果的に一日で五回歯磨きをすることになる。子どもたちからは「五回も歯磨きをする必要はないのではないか」という意見が多く出された。また、それ以外で多かったものとして、一時保護所のルールの「一時保護所でできた友人に連絡先や個人情報を教えてはならない」に納得がいかないという意見も複数見られた。この不満は年齢に関係なく見られ、「一時保護所で一定期間過ごした友人とは、今後も交友関係を継続したい」という要望があることが分かった。

将来についての意見

① 児童相談所職員から今後の方針についての説明があったか

図 9-4　児童相談所の方針に納得しているか

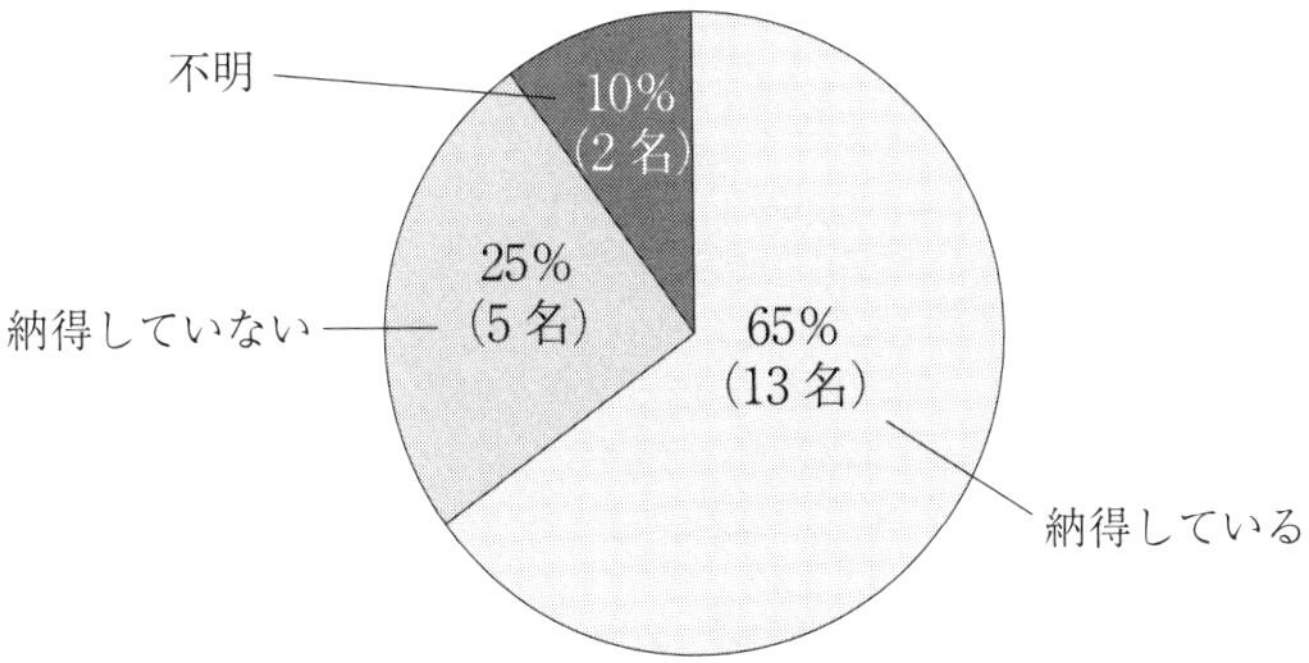

子どもたちに対し、児童相談所職員から今後の方針について説明があったかを質問したところ、「説明を受けた」と回答したのが二〇名、「説明を受けていない」と回答したのが二〇名であった。ただし、今回の意見聴取は試行的に実施したものであり、意見聴取を実施したタイミングは、子どもによってまちまちであったため、単純に意見表明を実施したのが一時保護されてから数日内だった子どもも含まれており、上記調査結果のみから何らかの傾向を見出すことは難しい。

② 説明された方針に納得しているか

上記①のうち、「説明を受けた」と回答した子どものうち、児童相談所が提示した方向性に納得しているか否かを質問したところ、「納得している」ないし「概ね納得している」と回答したのが一三名（六五％）、「納得していない」と回答したのが五名（二五％）、「不明」だったのが二名（一〇％）であった（図9－4）。

納得していないと回答した子どもの中でも、「児童自立支援施設に行くのではなく、一人暮らしがしたい」、「親の元には帰りたくない」といった強い反対の意見を述べる子どももあれば、「自宅に帰ることはいいが、自宅に継父がいることが嫌だ」、「施設に行くことについて両親と相談してから決めたい」といった強い反対というわけではないが、色々な思いがある中で「納得しているとは回答できない」という回答も見られた。

実際の面接内容

以上が、子どもたちとの面接結果に関する統計的な資料であるが、その中で、特徴的であった面接の内容について抜粋する。以下で記述する意見聴取の内容は、当時のメモを参考に再現している。当時、メモを取った担当者によって、例えば方言をそのまま記載するか否か等につき、若干の表記の差異がみられるが、当時の状況をそのまま再現した方が本書の趣旨にそぐうと考えたことから、あえてそのまま残している。なお、以下、聴取者を「聴」、子どもを「子」、児童相談所を「児相」と表記する。

【① 高三・女子のケース】

▼聴：（自己紹介、趣旨説明・学会発表）

あなたは、法律上は「子ども」と扱われるが、それを前提としても、大人と変わらず、自分の意見を表明する権利があります。あなたを支援する人々はあなたの意見を参考にして、支援をすることになります。現在、あなたを直接支援しているのは児相ですが、直接の支援者には、意見を言いにくい場合もあると思うので、弁護士があなたの意見を聞くことになりました。今日の聴取内容については、弁護士は担当者に告げ口しないというルールにします。ただし、あなたから「伝えてほしい」と言われれば、担当者に内容を伝えます。

なお、この取組みは、試行的な取組みで、あなたの了解が得られるならば、今後他の子どもたちに対する処遇の改善を検討するため、他の弁護士等との情報共有、及び、学会等での発表を行いたいと考えています。

▽子：分かりました。

▼聴：(一時保護所に来ることになった経緯・理由)

あなたは、なぜ、なんのために一時保護所に来ることになったのかについて、児相の担当者から説明を受けましたか？

▽子：(回答)

○○から家出して、ネットで知り合った「彼氏」の家がある××に来た。保護所には、来たくて来たわけではない。どうして来なければならないのか、警察からも児相からも、特段説明はなかった。

▼聴：（一時保護所に来ることになった理由への納得の有無等）
　一時保護所に来ることになった理由について、あなたはどのように考えていますか？
▽子：（回答）
　なぜここにいるのか分からない。外出できないばかりか、外の景色すら見ることができず、頭がおかしくなりそう。

　緊急処遇の部屋は、窓から外すら見られない。外から鍵を閉められた。
▼聴：（一時保護所での生活・ルール）
　一時保護所での生活はどうですか？
▽子：（回答）
　未成年だから、自由を制約されているのか。

　そもそも、「児相」とは何なのかすら、よく分からない。

　携帯電話も使えない。窓や携帯電話など、周りの環境から遮断されているのは、自分を見つめ直す時間を持つためだと解釈している。

　しかし、上記はあくまでも自分で導き出した解釈であって、携帯電話を使えないことや窓が開けられないこと等の理由について、保護所職員からの説明はなかった。ひどい環境だと思う。

　緊急から個別処遇に移ったあとも、窓が少ない。

仮に上記の自分の解釈が正しいのであれば、子どもを外部の「環境」から遮断する必要はあると思うが、物理的に「外の空間」から遮断されるのはおかしいと思う。

自分は一人が落ち着くが、そうでない子はしんどいと思う。

▼聴：（今後の見通し）

あなたは、児相の担当者から、「いつまで一時保護所にいることになるのか」について、説明を受けましたか？

▽子：（回答）

「□日に、早ければ△日には帰れる」と聞いた。

しかし、親と連絡が取れないため、△日には帰れないと、〇日になって聞かされた。

いつ帰れるかの見通しは、「分からない」と聞かされている。

すぐには帰れないみたい。

▼聴：（児相職員の面接）

児相の担当者は、会いに来て、話を聞いてくれていますか？

▽子：（回答）

児相の担当者との会話は、「帰る・帰らない」の話に終始している。

より深い話はできていない。

▼聴：（現在の思い）

あなたの現在の思いを聞かせて下さい。

▽子：(回答)

私の今の状況、当該状況の理由・根拠、いつ帰れるのかについて、説明が欲しい。

自分のために、誰が何をしてくれているのか、教えてほしい。

親は、彼氏は、どうなっているのか知りたい。

これらがわからないまま、先行きが見えないままここにい続けるのは、しんどい。

【意見聴取した弁護士の意見】

以上が高三女子に対する面接の概要である。内容からも明らかなとおり、児相担当者からの見通しの説明がないことに対しての強い不満・不信感がうかがわれる。

【② 中一・男子のケース】

▼聴：(自己紹介、趣旨説明・学会発表)

あなたは子どもであるけれど、大人と変わらず、自分の意見を表明する権利があります。あなたを支援する人々はあなたの意見を参考にして、支援をすることになります。現在、あなたを直接支援しているのは児相ですが、直接の支援者には、意見を言いにくい場合もあると思うので、弁護士があなたの意見を聞くことになりました。今日の聴取内容については、弁護士は担当者に告げ口しないというルールにします。ただ、あなたから「伝えてほしい」と言われれば、担当者に内容を伝えます。

なお、この取組みは、試行的な取組みで、あなたの了解が得られるならば、今後他の子どもたちに対する処遇の改善を検討するため、他の弁護士等との情報共有、及び、学会等での発表を行いたいと考えています。

▽子：分かりました。

▼聴：(一時保護所に来ることになった経緯・理由)

あなたが一時保護所に来ることになった理由、目的は、児相の担当者から説明を受けましたか？また、一時保護所に来ることになった理由について、あなたはどのように考えていますか？

▽子：(回答)

家の中で母親と喧嘩して、物を壊してしまった。

前にも同じようなことがあって、一時保護所に入ったことがある。

一時保護所に来たことについては、仕方がないと思う。

また、母親に謝らなきゃいけないと思っている。

母親と喧嘩した際、担当の児童福祉司に、このまま家にいるか、一度家を離れるか、どっちにするかと聞かれたので、一度家を離れる、と答えた。

このまま家にいても、お互いに意地を張って謝れないし、何もならんと思った。

▼聴：(一時保護所での生活・ルール)

一時保護所での生活はどうですか？

▽子：(回答)

・保護所のイメージ

人がいっぱいいいる。

すごく規則正しい。起床、就寝、食事、勉強、運動、掃除等の時間が細かく決まっている。

・保護所のいいところ

運動後のお風呂が嬉しい。

自由時間が長い。

読書（漫画）・卓球ができる。テレビが二つある。

勉強は学校よりも丁寧に教えてくれる。学習室の方がわかりやすい。

職員さんは皆優しい。

・保護所の悪いところ・改善してほしいところ

朝起きるのが早い、早起きは苦手。

寝るのが早い。

歯磨きが多い（一日五回)。

携帯電話は使えないが、電話で友達と話ができたらいいと思う。
・他児との交流
いろんな年齢の子がいるが、年が近い子と遊んでいる。集団生活はそれほど困っていない。マイペースの子がいるけど。
・部屋
二段ベッドを二人で使用していた（現在は一人）。二人の方が一人よりも寂しくない。
・外出
これまで外出したことはない。外に出たいと思ったことはない。
・親との面接
母とは面接していない。
▼聴：（今後の見通し）
あなたは、児相の人から、「いつまで一時保護所にいることになるのか」について、説明を受けましたか？
▽子：（回答）
保護所に行く途中に、「一週間近くは保護所にいるかもしれない」と聞いた。

保護所に入ってからは、いつ頃帰れるという話は聞いていない。

保護課職員とは、世間話ぐらいしかしていないが、「まだ帰れん子もおるし、家に帰るとかは言わないように」と言われたことがあった。

▼聴：(今後について)

今後、一時保護所と自宅どちらがいいですか？

▽子：(回答)

一時保護所は楽しいし、友達もできたから、もう少しいたいと思うこともあるが、家に帰りたいなと思うこともある（これまでに二回ほど家に帰りたいと思ったことがあった。何となく)。

気持ち的には半分半分、日によって異なる。

家に帰った後の生活については、誰からも説明は受けていない。

家に帰ったら、友達に会いに行きたい。

母親とは普通の親子でいる。謝るだけ謝っておく。

▼聴：(現在の思い)

あなたの現在の思いを聞かせて下さい。

▽子：(回答)

・不安なこと、気になること

実は自分は潔癖症で、小さい子を見ていると、汚いことをしているのが気になる（口をつけるところを手で持つ、食べ物をこぼすなど)。

歯磨きの後に大きな声で口をペッとする人、しゃべりながら唾を飛ばす人、口をあけてクチャクチャ音を立てながら食べる人、などが気になる。

これらのことは、一時保護所職員には伝えていない。言ったら、変な目で見られるかもしれないから。

自分でも気にしすぎだということはわかっているが、普段から気になってしまう。
・誰かに伝えたいこと
本当は、潔癖症のことを言いたい。

お風呂も他の人が入った後は入りたくない（今はシャワーだけあびるようにしている）。


【意見聴取した弁護士の意見】

以上が中一・男子に対する面接の概要である。この子どもは、本面接において、それまで児相担当者や一時保護所職員に対しても言っていなかった「自身が潔癖症であること」を聴取者に打ち明けてくれた。

【③　小四・男子のケース】
〈一回目の意見聴取〉
▼聴：（自己紹介）

（趣旨説明・学会発表）

あなたは子どもであるけれど、大人と変わらず、自分の意見を表明する権利があります。あなたを支援する人々はあなたの意見を参考にして、支援をすることになります。現在、あなたを直接支援しているのは児相ですが、直接の支援者には、意見を言いにくい場合もあると思うので、弁護士があなたの意見を聞くことになりました。今日の聴取内容については、弁護士は担当者に告げ口しないというルールにします。ただ、あなたから「伝えてほしい」と言われれば、担当者に内容を伝えます。

なお、この取り組みは、試行的な取り組みで、学会とかでも発表することもありますが、いいですか？

▽子：お母さんとか、お父さんにも（秘密にしてくれるの）？

▼聴：伝えません。お母さんやお父さんに伝えるためではなく、保護所をより良く変えていくために、意見を聴きます。わかる？

▽子：〈頷く〉（お母さんやお父さんには）伝えてほしくない。

▼聴：（一時保護所に来ることになった経緯・理由）

あなたは、なぜ、なんのために一時保護所に来ることになったのかについて、児相の担当者から説明を受けましたか？

▽子：（回答）

学校で、女子三人組が「学校に来るな」って言って、それに腹が立って、その三人の物を盗って、捨てた。見つかったけど。俺の家の近くの溝の底に大きな石があるんよ。その裏に隠したんよ。
▼聴：学校で？
▽子：(回答)
家の近くで、近所の友達が見つけた。
▼聴：誰かに怒られた？
▽子：(回答)
学校の先生、お父さん。

お父さんとお母さんが、俺がいけん方に進んでるから、いい方にいくよう直すためにここに来た。
▼聴：ここにきたことをどう思ってる？
○子：(回答)
またいつか出られるから、いいかな。直すのは、自分にとっていいことじゃし、今は直すことに専念しようかと思う。今、一個達成したよ。人にすぐに困ったことは言う。○○の病院の先生と話し合って、できんかったことが、できるようになった。
▼聴：他に達成しようと思っていることは？

▽子：(回答)

物を盗ること、捨てることはしないようにする。あとは、けんかした時手を出さんようにする。

▼聴：それは、できそうかな？

▽子：今、けんかしてないし。物盗ってないし。鉛筆借りても、戻す。

▼聴：(一時保護所での生活・ルール)

一時保護所での生活はどうですか？

▽子：(回答)

けんかしてないよ。小さい子が、「お兄ちゃん」って来るから、「ちょっと待って」「ちょっと待って」ってなる。五歳と四歳。あと、八歳の子がいる。

▼聴：一緒に生活するってどう？

▽子：(回答)

大変じゃな。小さい子が二人も来たから、俺は、どうしたらいいかよくわからん。勝手に人の部屋に入るけぇ。入っちゃいけんけぇ。

▼聴：一人部屋ってどう？

▽子：(回答)

夜中、一人で淋しくなる。おばあちゃん、また今度、面接で来てくれる。

▼聴：家ではどうだったの？
▽子：（回答）
　二階でおじいちゃんと一緒に寝とる。
▼聴：家でも部屋あるの？
▽子：（回答）
　ある。
▼聴：家はこわくない？
○：子（回答）
　人形、いるけぇ。自分の部屋におもちゃのハンマーがあるから、助けてくれる。
▼聴：他に一時保護所で、困ったことある？
▽子：（回答）
　ない。困ったことがあっても、すぐに先生に言うし。
▼聴：ここ（一時保護所）の先生は、どう？
▽子（回答）
　（先生は）優しい。○○先生はこわいけど。ドンドンしただけで、言われる。
▼聴：勉強はどうかな？
▽子：（回答）

勉強の部屋がある。皆でする。
▼聴：勉強は楽しい？
▽子：（回答）
楽しい。こっちの勉強の方が楽しい。学校は教科書だもん。
……疲れてきた。昨日は寝たけど、最近眠れない。昨日は眠れんかった。
▼聴：なんで？
▽子：（回答）
さみしいけんじゃろうな。
▼聴：考え事してるの？
▽子：（回答）
さみしいことばっかり考える。睡眠不足。
▼聴：続きはまた別の日にしようか。また、今度も聞いてもいい？
▽子：うん。

〈二回目の意見聴取〉
▼聴：この間、話したこと覚えてる？
▽子：（回答）

うん。

▼聴：(今後の見通し)

今、一時保護所に来て、何日目かな？

▽子(回答)

二〜三週間？四週間。担当の○さんから、ゴールデンウィークに一〇日間、おばあちゃん家に帰るって聞いた。あと六日。●曜日の朝九時に帰るって。その後は知らん。

あと、お手紙も書いた。おばあちゃん、おじいちゃん、あと弟にも。「元気ですか。伝えたいことがあるから聞いてね。今保護所で幼児ちゃんのお世話とか自分が頑張っとるってこと。ゴールデンウィーク、帰れるように頼んだから、また、そうなったら会いたい」って書いた。帰っておばあちゃんに読んであげる。

▼聴：●曜日に帰るって、いつ聞いた？

▽子：(回答)

おととい。▲曜日。今、人も増えとるし、ゴールデンウィーク、ここにおると大変じゃけぇ、おばあちゃん家に帰る。

▼聴：その後は？

▽子：(回答)

わからん。

▼聴：帰れて嬉しい？

▽子：（回答）

それまで頑張る！

▼聴：目標あったよね。

▽子：（回答）

一つクリアしたのが、手を出さないとか、人と物に触らないってこと。

▼聴：もう一つは？

▽子：（回答）

けんかしない。

▼聴取：（児相職員の面接）

児相の担当者は、会いに来て、話を聞いてくれていますか？

▽子：（回答）

五回か四回位。最初、ここに来た次の日、それから、・・・。

▼聴：その時、どんな話をするの？

▽子：（回答）

帰れるよって言った時は、目標のこと聞いた。

▼聴：（一時保護所での生活）

一時保護所を出たら、もうここに来たくはない？
▽子：(回答)
ここは、自分の身にはなるけど、おばあちゃんのところがいい。
▼聴：ここと家とどっちがいい？
▽子：(回答)
家がいい。
▼聴：家だと何がいいの？
▽子：(回答)
学校に行けるし、楽しい。頑張ったら、褒めてもらえる。おばあちゃんとか、お母さんから。
▼聴：一時保護所で生活をする中で、ここが変わったらいいな、ということがある？
▽子：(回答)
特にない。
▼聴：家と比べて、こうなったらいいなっていうのは？
▽子：(回答)
ないかな。
▼聴：ゴールデンウイークに家に帰ったら、どんな生活する？

▽子：(回答)
　それはまだ決まってない。
▼聴：目標頑張る？
▽子：(回答)
　うん。
▼聴：また、一時保護所に戻ることになったら、どう？
▽子：(回答)
　どっちでもいい。来たとしたら、また頑張る。家で頑張る。
▼聴：戻ってくるのは、辛くない？
▽子：(回答)
　辛いけど。
▼聴：不安は？
▽子：(回答)
　特にない。
▼聴：(その他)
　今、気になっていることはありますか？
▽子：(回答)

俺、ゴールデンウイーク帰っとったら、楽しいこと待っとるかな？
▼聴：誰かに伝えてほしいこと、ある？
▽子：（回答）
ない。お手紙書くけぇ。
▼聴：担当の児童福祉司は、どんな人？
▽子：（回答）
優しい。
▼聴：担当の児童福祉司に聞きたいことは？
▽子：（回答）
ゴールデンウイーク終わったら、どうなるのか。ゴールデンウイークに入る前に知りたい。
▼聴：伝えておこうか？もし、決まってたら、伝えて欲しいって。
▽子：（回答）
うん。

【意見聴取した弁護士の意見】
以上が、小四・男子に対する意見聴取の内容である。この子どもの場合は、一回目の意見聴取途中から疲れたと発言したため、意見聴取を中断し、後日改めて聴取することにした。後日、聴取を行った際は、入室するなり、「名前覚えとるよ」と言い、面接者の名前をスラスラ答える、子どもが気になっていること、核心に近い話題になると、急に別の話を始めるなど、かなりリラックスした様子が伺えた。

第十章　弁護士による意見聴取の効果と今後の課題

1．子どもの意見の概要

限られた時間における、限られた人員での実施ではあったものの、多数の、かつ、多岐にわたる内容の意見を聴取することができた。

既述のとおり、弁護士は、意見聴取を実施するにあたって、児童の年齢、名前等、最低限の情報しか把握しておらず、当該児童が一時保護されるに至った事情については、児童が自発的に語って初めて認識することとなる。

ここで、児童福祉法三三条に規定された一時保護の要件に鑑みれば、児童が一時保護される経緯については、「ぐ犯型」と「虐待型」とに大別することができる。これら類型ごとに、一時保護及び一時保護所での生活に対する意見に若干の差異があるように見受けられたため、以下では、上記類型ごとに論じることとする。

なお、実際には、一旦児童養護施設等に入所したにもかかわらず、当該施設等における生活・環境に適応することができず、やむをえず一時保護所で生活しているケースも存在する（施設不適応型）。もっとも、件数としては少数であり、かつ、一時保護及び一時保護所での生活に対する意見を分析した限り、他の類型と比して優位な差は認められなかったため、本稿においては、独立の類型として区別した上での言及を割愛した。

ぐ犯型

ぐ犯の定義は、少年法三条一項三号に規定されている。以下、同条を引用する。

「次に掲げる事由があつて、その性格又は環境に照して、将来、罪を犯し、又は刑罰法令に触れる行為をする虞のある少年

イ　保護者の正当な監督に服しない性癖のあること。

ロ　正当の理由がなく家庭に寄り附かないこと。

ハ　犯罪性のある人若しくは不道徳な人と交際し、又はいかがわしい場所に出入すること。

ニ　自己又は他人の徳性を害する行為をする性癖のあること。」

例えば、いわゆる家出を行った児童（上記「ロ」）が警察等に保護された場合、家庭における養育環境に問題がなければ、そのまま自宅へと送り返される場合もあり得る。しかし、少年法三条一項三号に列挙される要件に該当する少年については、家庭での養育環境に問題がある場合も多く、当該養育環境の不適切さが、児童虐待防止法二条三号にいう「保護者としての監護を著しく怠ること」や、児童福祉法六条の三第八項にいう「保護者に監護させることが不適当であると認められる児童」（いわゆる「要保護児童」）に該当する場合も少なくない。そこで、このようなぐ犯に該当する児童に関しては、警察等から児童相談所に被虐待児や要保護児童としていわゆる身柄付通告がなされた上で、一時保護されるケースも多々見受けられる。

この類型においては、当該児童が、自身の意に反して一時保護されているケースが多く、「早く帰りたい」、「なぜこんなところ（一時保護所）にいなければならないのか」等、一時保護の事実そのものに対する不平・不満が数多く顕出された。したがって、必然的に、一時保護所の生活における諸々のルールに関しても、多くの不満が述べられた。

もっとも、本類型に属する児童に対する一時保護は、自傷他害を防ぐための緊急避難的な目的でなされる場合が主であり、児童の福祉、最善の利益という観点から、児童本人の意見を全面的に尊重することが合理的でない場合も多く、施設内の具体的な処遇について等、傾聴すべき意見もあったものの、一時保護そのものに対する不満等を抜本的に解消することは、今後も困難であるものと思われる。

虐待型

本類型に属する児童については、一時保護に同意している児童が相当数存在した。これらの児童においては、一時保護所での生活に関しても、弁護士による事前の想定に反し、決定的な不満はない、との意見が多く出された。もっとも、上記については、そもそも虐待が行われた家庭から一時保護された児童であることに鑑み、①当該児童の期待する生活水準が、一般的な家庭における生活水準と比較して、許容可能な範囲を超えて劣悪なものである可能性があること、②児童が、「従来の環境よりは改善されている」、「贅沢を言ってはいけない」と考える等、諸々の状況を忖度し、必ずしも本心を述べていない可能性があること等を考慮しなければならないものと思われる。

一方で、一時保護の後の自身の処遇、具体的には、将来的に自宅へ戻るのか、児童養護施設等での生活を開始するのか、という点については、「児童相談所職員に対して、自身の意見を適切かつ具体的に述べることができており、児童相談所職員も、当該意見を実現すべく動いてくれている」という旨の意見が過半数を占めたものの、「児童相談所の方針と自身の意見とが異なる」旨の意見も相当数見られた。

筆者が担当した事例の中では、「児童相談所担当者からは、一時保護の後、自宅に帰る方向である旨を説明されている。もっとも、今まで児童相談所の担当者には言うことができなかったが、自分としては、児童相談所の方針に反対である。その理由は～である」と述べ、児童自身の希望を、具体的根拠を挙げつつ、初めて弁護士に対して開陳した事例が、非常に印象的であった。当該発言は、一度意見聴取を行った後日、児童本人の希望により改めて意見聴取の場が設けられた際になされたものであり、その経緯に鑑みれば、児童が自身の真摯な意見を述べた可能性が高いと考えている。

2. 保護所の課題

面談を通じて可視化された一時保護所に対する不満の内容は第九章において述べたとおりである。以下では、これらのうち、子どもの基本的な権利利益に特に関係すると思われるものを取り上げる。

外出の制限

一時保護所においては、子どもが自由に外出することは認められない。一時保護所の建物内においてさえ、自由に移動できる範囲には制限がある。また、区域毎の施錠管理等がなされている場合もあり、移動の際には職員による開錠を求めなければならないことも少なくない。このような一時保護中の外出制限については、明示的にこれを認めた法律は存在せず、児童相談所長の有する一時保護の権限行使として行われているのが現状である。ここで、憲法二二条において保障される居住・移転の自由には、自己の住所または居所を自由に決定し、移動することが含まれるところ、上記の外出等の制限は、かかる移動の自由に対する制約を伴うものである。また、移動の自由は、自己の移動したいところに移動できるという点で人身の自由としての側面をも有しているところ[1]、人身の自由に対する制約とも評価できる。

一時保護所において、外出を制限する目的は基本的には児童の安全を確保することにある。子どもを外界から切り離すことによりその安全を確保することが一時保護の本質であることからすれば、全く自由に一時保護所からの外出を認めることは困難と考えられる。特に、保護者による連れ去りが強行され、その後さらに虐待が繰り返されるおそれがあるような事例においては、子どもの安全を害する具体的な危険が存するのであり、児童相談所職員による付添いが可能な場合であってさえ、外出を制限せざるをえないこともありうる。

他方で、保護者と児童相談所が対立的な関係になく、外出を制限しなくとも、子どもに対して安全を害する具体的な危険が及ばないと考えられる場合もある。ただし、この場合でも、子どもが外出することに伴う一般的な危険、例えば、交通事故に遭うおそれ等は常に存するのであり(ただし、そのおそれは子どもの年齢や発達の程度等によって、様々である)、保護者から子どもを預かる児童相談所が子どもの外出に慎重にならざるを得ないこともある程度やむをえないところである。

以上とは別の視点で、一時保護中に外出を必要とする事情も様々である。単に外の空気を吸いたいという場合もあれば、所属する学校において進級するために必要な試験を受けに行かなければならない場合もありうる。

一時保護を受けている子どもは、一時保護の目的を達成するために必要かつ相当な範囲においては、その権利利益に対する制約を甘受しなければならない。しかしながら、一般論として、一時保護所において加えられる制約の中には、必ずしも必要性が明らかではなかったり、必要性自体は認められるとしても、その必要性の程度に対して制約される権利利益が重大で正当化し難いものや、不相当に広範な制約がなされるおそれがあるものが含まれると思われる。児童相談所としては、かかる必要性の明らかでない制約、過度な制約、及び広範な制約を行うことのないよう、問題となっている子どもの権利利益に対する制約が一時保護の目的が達成できる範囲で必要最小限に止まっているか常に注意を払わなければならないであろう。この点について、一時保護ガイドライン六頁以下においては、「外出、通信、面接、行動等に関する制限」について、「閉鎖的環境、開放的環境いずれにおける保護であっても、子どもの安全確保と権利制限については、常に子どもの利益に配慮してバランスを保ちつつ判断を行う」「一人の子どものために、必要のない子どもまで権利が制限されることのないよう、個々に判断することが原則である」「外出、通学、通信、面接に関する制限は、子どもの安全の確保が図られ、かつ一時保護の目的が達成できる範囲で必要最小限とする」ことが述べられているところである。したがって、子どもに外出を認めるべきか否かについても、具体的なケースにおいて、外出することによる危険又は弊害と外出の必要性を比較考量し、個別的に判断されるべきである。

例えば、前述のとおり、所属する学校において進級するために必要な試験を受けに行かなければならない場合といった、子どもの重要な権利利益を確保するため外出の必要性が強く認められる場合には、外出を柔軟に認める対応をすべきであろう。また、友人に会いたいから等の一見外出の必要性が高くない場合であっても、保護者による連去りや一時保護からの離脱のおそれがなく、外出に伴う一般的な危険への対処も問題がないなどという場合（例えば、子どもが交通事故等外出することに伴う一般的な危険を回避する能力を有していると考えられる場合）には外出を柔軟に認めるべきである。

以上のような考慮からか、一時保護所の実際の運用上も、人員配置上の限界はあるものの、可能な限りそのような柔軟な対応を取る努力をしているものと思われる。

携帯電話・スマートフォンの使用制限

通常、一時保護所においては、携帯電話、スマートフォン（以下「携帯電話等」という）の所持及び使用が認められておらず、携帯電話等による通話、インターネットブラウザを用いたウェブサイトの閲覧、ゲーム等を自由に行うことができない。したがって、子どもにとっては少なくとも、携帯電話等を用いた通信の自由（憲法二一条二項後段参照）、さらに携帯電話等を用いた情報にアクセスする自由が制約されることとなる。

この点、一時保護中に携帯電話等を使用させないことについては、これを認める法律は存在せず、児童相談所長の有する権限に基づいて行われているものと思われる。児童相談所長が携帯電話の所持及び使用を制限する理由は、専ら子どもの安全の確保である。例えば、子どもが携帯電話等を自由に所持・使用することとなれば、児童相談所職員の把握することのできない保護者等との連絡が行われ、保護者による不当な働きかけ等がなされるおそれがあるほか、GPS機能を利用して一時保護所の所在場所が探知されるおそれもある（一時保護所の所在地は、一般に公開されておらず、保護者にも原則として開示されない）と考えられる。以上のような観点からすれば、携帯電話等の所持及び使用を全く自由に認めることは困難と言わざるを得ない。

しかしながら、外部との通信であっても、子どもの安全を脅かすおそれがなく、かえって子どもの情緒的な安定や健全な発達に資するものもある。また、電話を用いた通信は、子ども自身の携帯電話等を用いなくとも可能であり、通信の実施や内容を児童相談所職員が把握することのできる代替的な手段によっても、ある程度子どもの通信の希望を実現することが可能であると考えられる。例えば、児童相談所職員が同席する場において、通信の実施及び内容を児童相談所職員が把握することのできる条件下において、通信を行うことも検討されてよいであろう。

以上のとおり、携帯電話等の通信の制限においても、一律に使用を制限するのではなく、個別具体的な事例の内容を踏まえ、通信制限の必要性を検討し、必要最小限度の制約に止めるよう努めなければならない。

学習時間・環境の制限

子どもは、一時保護中には、通常、所属する学校に通うことはできず、一時保護所内で教材等を用いた自主学習を行うのが一般的である。また、一時保護所においては、学習を行うことのできる時間があらかじめ定められており、その時間の外には学習をすることができない。その上、そこで行われる学習においては、児童相談所職員等による学習補助はいくらか受けられるものの、基本的には所属する学校において提供される授業と同等の教育を受けることは難しいのが実情である。したがって、一時保護中の子どもは、学習内容、時間、及び環境について、一定の制限を課されているものといえる。

この点、一時保護の多くは、保護者からの分離の目的で実施されるものであるところ、もし一時保護後も所属する学校に通い続ければ、分離に納得しない親権者等が子どもとの面接を求めて学校に赴くという事態も考えられる。したがって、子どもが所属する学校に通うことができず、結果として、上記のような制限された学習環境となってしまうことは、子どもの安全確保のためのやむを得ない制約と評価できる。

しかしながら、かかる制約は、あくまで子どもの安全確保のためのやむを得ないものに限られるべきであり、子どもの安全確保の観点から所属する学校に通わせることに問題がなく、また、地理的な条件等から現実的に通学も可能という場合であれば、子どもの学習権を保障すべく、できる限り従前と同様の通学を認めるべきである。特に、一時保護の期間が数か月程度にも及ぶような事例では、子どもの学習権を保障する更なる努力が必要と考える。この点について、一時保護ガイドライン二六頁以下においては、「在籍校と緊密な連携を図り、どのような学習を展開することが有効か協議するとともに、取り組むべき学習内容や教材などを送付してもらうなど、創意工夫した学習を展開する必要がある」「職員派遣や教材提供などについて、都道府県又は市町村の教育委員会等と連携し、一時保護所にいる子どもの学習支援が実施できる体制整備を図る」「特にやむを得ず一時保護期間が長期化する子どもについては、特段の配慮が必要であり、都道府県又は市町村の教育委員会等と連携協力を図り、具体的な対策について多角的に検討し、就学機会の確保に努める」こととされている。

頭髪の色に関する制限

岡山県及び岡山市の一時保護所においては、入所時点で染髪している子どもに対しては、他児への心理的な圧迫や非行傾向の伝播等を防止する等の理由から、いわゆる黒染めを行うことを求めており、これに応じない子どもに対しては個別処遇（原則として他児との接触・交流を禁止し、他児とは別の日課で、もっぱら個室での生活を送ること）とする取扱いをしている（なお、頭髪の色に関する制限は、本書執筆中に、完全ではないものの、改善されているとのことである）。髪色を決定する自由は、憲法一三条に包含される自己決定権の一内容をなすものであるところ[2]、上記取扱いは、黒染めをしないことに対して一般に子どもが積極的に希望することのない「個別処遇の実施」という事実上の不利益を課すものであり、子どもの髪色を決定する自由を制約するものである。

髪色を決定する自由の人格的価値の程度については議論がありうるが、果たして前述の他児への心理的な圧迫や非行傾向の伝播等の防止という理由によって、一時保護中に髪色に対する制約を行うことが正当化されうるか疑問が残る。この点は、学校における校則による頭髪に関する制限と同様の議論のありうるところである。

3. 意見聴取の方法に関する課題

今回、意見聴取の実施に当たっては、これまで児童相談所業務に一定程度の関わりを有し、児童虐待事案及び児童福祉に関する法令等に一定程度の理解・知識・経験を有する弁護士が、聴取を担当した。

もっとも、弁護士の業務は、基本的には法令・裁判手続等を用いた紛争解決であり、「他者の意見を聴取する」という行為に関しては、紛争解決の前提作業たる事情聴取等として日常的に行ってはいるものの、専門的な訓練等を受けているわけではない。加えて、ぐ犯型・虐待型といった類型の如何にかかわらず、本件取組みの対象となる児童は、日常生活において何らかの問題を抱えていることが多いと思われるところ、このような児童の心理に配慮し、適切に当該児童の真意を聴取するための方法論につき、少なくとも弁護士という資格を獲得する過程において、十分な経験・能力を担保するべき試験・研修等が設けられているわけでもない。

よって、意見聴取の実施に際して弁護士からなされる質問等が児童の心理等に負荷ないしは悪影響を与えるという事態を避けるべく、児童相談所職員（可能であれば心理職）の立会いは必須であると考える。また、極めてプラグマティックな事情ではあるが、意見聴取の時間はおおむね三〇分〜一時間程度であるところ、本文記載のとおり、児童の心理等に配慮しつつ質問を行い、かつ、記録までも自ら作成するということは、事実上不可能である。

もっとも、本件取組みは、「第三者的な立場の大人が、当該児童の真意を可能な限り聴取する」ことを目的とするものであるため、意見聴取への立会いは、当該児童を直接担当する者以外の職員によって行われる必要があろう。

4．聴取者の立場

信頼関係を過信しない

これまでに述べてきたとおり、一時保護中の児童にとって、「無関係の第三者が自身の話を懇切丁寧に聴取する」という経験は、少なくとも非日常に属する事象であり、児童に与える影響は、望ましいものか否かはともかくとして、概して大きなものであると思われる。

そこで、上述のように、「児童相談所担当者には言っていなかったが、実は○○である」旨の意見が述べられる可能性も十分にあり、実際にわれわれが実施できた限られた件数においても、このような意見が出されたケースがいくつか見受けられた。

しかし、「外部の第三者による」意見聴取という体裁をとる以上、意見聴取の時間は、当該児童に日常的に関わる担当者と比較すれば、圧倒的に短いもの（概ね三〇分～一時間程度）とならざるを得ない。このような短時間での聴取によって得られる情報量には、自ずから限界があることは言うまでもない。また、上記のようにごく短時間の関わりである以上、児童と聴取者との間で、真実・真意を語る程度に信頼関係が構築されるケースは、むしろ稀であると考えるべきであろう。

上記に加え、仮に十分な情報が得られ、児童と聴取者との間に十分な信頼関係が構築されたとしても、聴取者たる弁護士は、当該児童の家庭環境等に鑑みて最適な支援方法がいかなるものであるか検討・判断する能力を、通常は有していない。このような検討・判断をなし得るのは、弁護士ではなく、児童心理・児童福祉の専門機関たる児童相談所のみである。

したがって、以下はあくまでも私見に留まるものの、聴取者が、ごく短時間の聴取によって、「児童の本心を聞くことができた」、「児童の現状を理解できた」、「児童にとって最良の支援方針は○○である」、と軽信することは避けるべきと考える。

もちろん、児童相談所職員の判断が、あらゆる場合において当該児童の「最善の利益」を適切に捉えられているとは限らないことは言うまでもないが、少なくとも聴取者は、専門職たる児童相談所職員の判断を尊重し、浅慮をもって当該判断を安易に批判等するべきでないと思料する次第である。

子どもと相談所の間で中立を保つ

もっとも、児童の真意がいかなるものであるか、客観的にふさわしい支援方法がいかなる内容であるかはともかくとして、「当該児童が第三者たる聴取者に○○と発言した事実」は、相応の意味を有するはずであり、少なくとも今後の支援方法が検討・判断されるにあたって、上記「発言した事実」は検討・判断の材料とされなければならない。

したがって、仮に当該児童の発言内容が、児童相談所ないしは児童相談所職員の意見とは異なるものであったり、場合によっては、それらに対する批判を含む内容であったとしても、聴取者としては、当該児童が発言内容の伝達を拒否しない限り、臆することなく意見を伝えるべきであると思われる。

ただし、あくまでも本件取組みの主眼は、「第三者たる聴取者」による聴取がなされる点にある。「第三者」であることの意味合いは、単に児童相談所の意向に沿わないことのみならず、聴取者が、当該児童の意見を代理人的に代弁・実現する立場にもないことを意味する。

したがって、児童の意見が児童相談所の方針と相反する場合には、児童に対して、自身の代理人の選任を希望するか否か尋ね、代理人を希望する場合にはその具体的方法を案内する等、児童が児童相談所に対して具体的な意見表明・反駁の機会・手段を確保できるよう、必要な情報提供を行うべきであろう。(3)

5．誰のための聴取か

子どもから表明された一時保護所での生活に対する意見の中には、様々なものが含まれる。中には、単なる「わがまま」ともとれるもの、「自宅における生活に比べて○○が不便である」というように自宅での生活との差異を主張したのみといった意見がある一方で、前述のような移動の自由、通信の自由、教育を受ける権利等に関わる重要な権利利益の制約が問題となる意見が表明される場合もある。

これまで述べてきたとおり、一時保護所における制約は、基本的には子どもの安全を確保するという一時保護の目的を達成するために行われている。しかしながら、かかる制約は、一時保護所を運営する児童相談所の「運営する側の論理」により、必ずしも必要性が明らかでなかったり、必要性が存する場合であっても、過度あるいは広範に過ぎるものとなるおそれをはらんだものである。また、子どもを不測の危険にさらすことなく、その安全を確保しようとする思いが強ければ強いほど、悪意なく子どもの自由を制約する方向へ向かうおそれもあると思われる。

今回は、試験的に弁護士が子どもから意見を聴取する役割を担ったわけであるが、弁護士は、前述のような能力的な限界を抱えている一方で、一応は児童相談所から独立した第三者的な立場にあり、子どもの意見を率直に受け止めることができたのではないかと考える。このような第三者による聴取がなされ、一時保護所に対する子どもの率直な意見が可視化されることとなれば、一定のチェック機能が働くことが期待でき、前述のような必要性の明らかでない制約や、過度な制約、広範な制約を改善していく契機となりうる。

また、子どもが「問題である」と考える制約が直ちに解消することの難しいものであったとしても、不満を申告する機会自体を保障するとともに、当該制約の必要性等を子どもに対して説明する機会を保障することそれ自体が重要である。子どもを一個の人格として尊重することはもちろんであるが、意見があれば申告することができ、それに対して何らかの反応を得られるという一種の手続保障を行うこと自体が正義であるといえよう。

上述の支援方法に対する意見が出された場合同様、いかなる立場にある者が聴取を担うべきであるのか、また、出された意見をどのように吟味し、一時保護所の改善につなげていくべきなのか等を含めて、今後さらに議論を行っていくことが必要であると思われる。

注

（1）佐藤幸治「憲法（第三版）」五五四頁参照

（2）東京地裁平成三年六月二一日判決（修徳学園高校パーマ事件）は「髪型決定の自由」につき、「個人の人格価値に直結することは明らかであり、個人が頭髪について髪型を自由に決定しうる権利は個人が一定の私的事柄について、公権力から干渉されることなく自ら決定することができる権利の一内容として憲法一三条により保障されている」と判示している。

（3）例えば、法テラスが実施する日弁連委託援助事業のうち「子どもに対する法律援助」の案内(https://www.houterasu.or.jp/higaishashien/seido/kodomo_houritsuenjo/index.html)等

コラム

児相内弁護士

奥野 哲也

二〇一六（平成二八）年の児童福祉法改正以前、各地の児童相談所と弁護士の関わり方は、様々であった。参考までに、岡山県での関わり方については、以下のとおりである。

岡山では、岡山〝県〟において三つの児童相談所（中央児童相談所、倉敷児童相談所、津山児童相談所）、及び、政令指定都市である岡山〝市〟において一つの児童相談所（岡山市こども総合相談所）が設置されている。

まず、岡山市こども総合相談所においては、定期的な法律相談が実施されていた。具体的には、児童虐待事案の経験を有する弁護士と、比較的経験の浅い弁護士（いわゆるＯＪＴ目的）が、児童相談所に赴き、主に児童福祉司から、具体的なケースにおいて生じた法律問題の相談を受け、回答していた。また、一年に一度、岡山弁護士会子どもの権利委員会と、岡山市こども総合相談所が合同勉強会を実施していた。加えて、岡山県の三つの児童相談所との間でも、有志の弁護士との間で勉強会等が定期的に実施されていた。

そして、個々の虐待事案において、児童福祉法二八条の審判申立てや、親権喪失・親権停止等の裁判手続が必要になった場合には、当該裁判手続に関して個別の委任がなされていた。

二〇一六（平成二八）年の児童福祉法改正により、都道府県が、各児童相談所において、弁護士の「配置又はこれに準ずる措置」を行うこととされた。現行の法文は、以下のとおりである。

児童福祉法一二条三項「都道府県は、児童相談所が前項に規定する業務のうち法律に関する専門的な知識経験を必要とするものを適切かつ円滑に行うことの重要性に鑑み、児童相談所における弁護士の配置又はこれに準ずる措置を行うものとする。

岡山県及び岡山市においても、上記の「配置又はこれに準ずる措置」として、五名の弁護士が非常勤職員として勤務している。まず、岡山県では、毎週水曜日、弁護士が終日、いずれかの児童相談所にて勤務している（一月のうち、中央一回、倉敷二回、津山一回）。一方、岡山市においては、毎週水曜日の午後のみ、勤務を行なっている。

弁護士の使用するデスクが設けられ、週に一度ではあるが、いつでも相談が可能な状況が整ったことにより、これまでにはなされなかった詳細かつ多岐にわたる相談が行われている。また、緊急受理会議や援助方針会議等、児童相談所の意思決定の場に参加し、法律の専門家という立場から、諸々の意見を述べている。

なお、児童福祉法二八条審判申立てや親権喪失等の裁判手続を行なう必要性が生じた場合には、従来どおり、非常勤弁護士が勤務の中で対応するのではなく、個別の委任がなされている。

岡山県における現状は上述のとおりであるが、これと対比される措置として、常勤弁護士の配置が挙げられる。

代表的な事例として、福岡市こども総合相談センターの現状が挙げられる。同センターのこども緊急支援課長（二〇一八（平成三〇）年六月一五日現在）である久保健二弁護士は、児童相談所に常勤弁護士を配置する「効用」として、以下の要素を挙げている（久保健二『改定　児童相談所における子ども虐待事案への法的対応　常勤弁護士の視点から』三四二頁以下（日本加除出版株式会社、二〇一八年）。

①即応性

「弁護士が児童相談所にずっと勤務しているため、法的な問題が起きたときは、すぐに職員に対して法的助言や支援を行なうことができます」

「常に現場において職員とともに活動し、法的助言もまさに現場において即時に対応でき、職員の法的確信に基づく業務や心理的負担の軽減に寄与する常勤弁護士の効用は、文字や言葉で表せるものではありません」

②点ではない、線あるいは面での関わり

「隠れた法的問題を指摘してトラブルに対して予防的に対処することができます」

「常勤弁護士は、一つのケースに対して点ではなく、線（あるいは面）で関わることができるため、ケースワークの流れに沿って、又ケースワーカーの考え方を十分理解した上で助言ができますが、非常勤弁護士や外部から協力する弁護士は、ケースについて点で関わることになります」

③児童相談所業務の妥当性についての指摘

「児童相談所も、行政機関に対して厳しい指摘をする弁護士に内部事情を見せたくないという消極的な姿勢があると思います」

「常勤弁護士は、児童相談所の職員とはいえ、児童相談所の業務の適法性はもちろん、妥当性についても指摘することができます」

以上の指摘は、非常勤弁護士として勤務する者の立場から見ても正しく的を射た内容であり、常勤弁護士と比較すれば、非常勤弁護士が行なえる業務内容には自ずから限界があるものといわざるを得ない。

しかしながら、上記の指摘を前提としてもなお、わが国のあらゆる児童相談所において常勤弁護士を例外なく配置する旨の立法を行なうことについては、以下の問題点が存在すると考えられる。

① 経験を有する弁護士の確保が困難であること

上記の久保弁護士のように、児童虐待事案のみならず、その他の民事・家事・少年事件、裁判手続における実務に精通した弁護士が児童相談所の常勤弁護士となるケースは、極めて稀であるといわざるを得ない。

少なくとも、岡山県の現状を述べるならば、現在非常勤弁護士として勤務している弁護士が、児童相談所の常勤弁護士となる可能性は、ほぼ皆無といってよいものと思われる。

② 非常勤弁護士ならではのメリット

以上を前提とすると、仮に常勤弁護士の配置が必須とされた場合、その多くは、弁護士としての経験が比較的浅い弁護士、ないしは、弁護士として児童相談所業務における裁判手続等を行なった経験のない（又は乏しい）弁護士が配置されることになるのではないかと考えられる。

そうすると、例えば、弁護士登録と同時に児童相談所の常勤職員となった弁護士が、客観的な法律家としての視点から、児童相談所の権限行使に謙抑的あるいは否定的な意見を述べることが可能であろうか。意識・無意識は別として、良くも悪くも、児童相談所の理屈・不文律に染まってしまうのではないだろうか。仮にこのような事態が生じるとすれば、児童相談所の有する権力機関としての側面（特に、本書で述べてきたとおり、一時保護の局面で顕在化する権力的作用を行なうことのできる組織としての側面）に鑑みて、妥当であろうか。

よって、筆者は、久保弁護士の述べる効用「③児童相談所業務の妥当性についての指摘」の点により注目するならば、完全に児童相談所の「内部」の職員となる常勤弁護士と比較して、児童相談所の業務内容に一定の理解を有しつつ、「外部の」、「客観的な」視点を有し続けるであろう非常勤弁護士の存在意義は、なお認められるのではないかと考える次第である。

そうはいっても、繰返し述べてきたとおり、児童相談所業務の複雑さ・困難さ、及び、児童相談所の有する権力機関としての側面に鑑みれば、それぞれの児童相談所が、最低限の法的対応力を有することは不可欠であろう。

しかし、一口に児童相談所といっても、東京・大阪等の大都市と岡山等の地方都市、又は更に小規模な自治体における児童相談所とを比較すれば、個別のケースワークにおいて利用できる社会資源の性質・量は全く異なり、支援方針や裁判手続の件数もおよそ別異のものといわざるを得ない。

そうであるならば、必ずしも常勤弁護士を必置とする必要はなく、常勤弁護士及び非常勤弁護士のそれぞれの効用を適切に把握した上で、各児童相談所が、各地の具体的状況に応じて、業務の適性確保のため、最適な手段を選択できてよいのではないだろうか。

少なくとも岡山県においては、現状の非常勤弁護士配置及び裁判手続に関する個別の委任という扱いで、特段の問題は生じておらず、今後も生じることは無いように認識している。

第十一章　児童相談所での子どもの意見聴取の取り組みを振り返って

子どもの福祉を図るとともに、その権利を擁護する目的で設置された行政機関である児童相談所は、「意見を聴かれる子どもの権利」をどこまで尊重しているのだろうか。

岡山県と岡山市の児童相談所では、そのことを確かめるべく、子どもの安全確保と状況把握を目的とする一方で、様々な子どもの権利が制約される一時保護所を対象に、そこで過ごさざるを得ない子どもたちと、基本的人権の尊重と社会正義の実現を使命とする弁護士、人間の尊厳が大切にされる社会の実現を使命とする児童精神科医師の協力を得ながら、「子どもの意見を聴く」という最も重要な子ども支援活動を展開してきた。

本章では、子ども支援において、中心的役割を果たす児童相談所の児童福祉司、児童心理司、保育士等の児童ソーシャルワーカーが、試行錯誤しながら取り組んだ一時保護所を対象とした「子どもの意見を聴く」活動について、「準備の段階」「子どもの意見を聴く段階」「子どもの意見を活かす段階」「必要な手続きを紹介する段階」の四段階[1]にわけて紹介し、「子どもが伝えようとしているメッセージを真摯に受け止める」作業をとおして、児童相談所が、「意見を聴かれる子どもの権利」をどのように実現していくことができるのか、その具体的な手立てについて考察する。

なお、岡山県と岡山市の内容が異なる場合は、児童相談所における「意見を聴かれる子どもの権利」の実現に活かしていく目的で、意図的に分けて紹介している。

1．準備の段階

今回の子ども支援活動は、国内に先行事例が見当たらないこともあり、児童相談所内部の抵抗や組織体制の不十分さによる実行性の懸念など、様々な障壁と困難が立ちはだかることが想定された。そのため、事前の準備（以下「準備の段階」という）が活動の展開を大きく左右すると考え、かなりの時間をかけて研修や検討を行っている。

活動を貫くポリシーの確認

準備の段階で、最初に行ったのは、子ども支援活動を貫くポリシーの確認である。そのポリシーとは、岡山県の児童相談所が掲げている「子ども中心」と、岡山市の児童相談所が掲げている「Child First」である。いずれも、子どもを主語にすることであり、子どもの目線に立つことであり、子どものことを優先することなどを総称した、子ども支援活動を貫くポリシーである。この活動を展開していくうえでも、このポリシーを掲げることを、弁護士と共に改めて確認をしている。

「子ども中心」と「Child First」という、この二つのポリシーに照らすと、現在の社会は、大人中心・大人優先に出来ていることが前提となる。そうした社会では、子どもにとって、すべての大人は絶対者であり、存在そのものが、社会の権威や圧力の象徴として受け止められる。子どもが、大人から意見を聴かれるときには、大人に気遣いをしたり、危険や恐怖感を感じたりする場合があることを、常に配慮しておく必要がある。この活動を展開していくのにあたっては、そのことを充分認識したうえで、「子どもたちと共に進めて行くこと」をミッションとした。

岡山県の場合

岡山県の児童相談所は、二〇〇七（平成一九）年に発生した死亡事故の検証を契機に、「子どもを支援の中心に置き続けることの重要性」を再認識させられた。そして、学識経験者の協力を得て、英国のソーシャルワークの学びを深めながら、相談援助活動を貫くポリシーとして「子ども中心」を掲げ、『「子どもが心配」要支援モデル』を策定し、アセスメントツールを開発[2]するなど、現在に至るまで、様々な子ども支援活動を展開し続けている。

「子ども中心」とは、「利用者主体」の考え方であり、児童福祉における利用者は、親や家族、関係機関の職員などの「大人」ではなく、「子ども」であるという方向性を明確に打ち出したものである。その実現のためには、児童ソーシャルワーカーが実践する子ども支援活動のプロセスにおいて、子どもの意見を聴き取ること、子どもの参加を具体化しているのかを振り返ること、参加を進める手立てを考えることが、欠かせないものとなる。そのため、岡山県の児童相談所では、二〇〇七（平成一九）年以降のすべての取り組みに、「子どもの参画の促進」の視点を組み込んでいる。

例えば、二〇一二（平成二四）年から開始した体系的な人材育成研修では、その柱として策定した「岡山県児童相談所職員人材育成基本方針」の中に、「人材育成の方向性」として「子どもの意見を活かした支援の実施」を挙げ、「相談に訪れる親や関係者だけではなく、子ども自身がどのように考えていて、何を希望しているのかをよく聴き取り、その意見を活かした支援を行います。また、言葉で意見を表明しにくい幼い子どもや障害を持つ子どもなどからも、意見を聴き取る技術を身に付けるようにします。」と明記しており、現在に至るまで、研修計画には必ず、「子どもの意見表明権（子どもの権利条約一二条）」の内容を反映させたプログラムを設定している。

この「子ども中心」は、岡山県の児童福祉の実践活動において、必ずしも新しいポリシーではない。岡山孤児院を創設した石井十次を始め、現在の児童養護施設「悲眼院《ひげんいん》」を創設した済世顧《さいせいこ》問《もん》で宗教家の高橋慈本《じほん》(3)、現在の児童自立支援施設「岡山県立成徳学校」の校長で岡山県中央児童相談所の初代所長を務めた坂本時雄《ときお》、(4)自らの診療所内に岡山県中央児童相談所を開設した精神科医の竹内道眞《みちざね》(5)など、岡山県の児童福祉の先覚者たちが掲げていたポリシーでもあり、岡山県の児童福祉の実践活動の根底に、今尚、脈々と流れ続けている。「子ども中心」のポリシーを掲げることは、現在の児童相談所の児童ソーシャルワーカーにもそれが引き継がれていることを自覚してもらうためでもある。

岡山市の場合

岡山市の児童相談所は、二〇〇九（平成二一）年の開所時に、相談援助活動を貫くポリシーとして「Child First」を掲げている。これは、岡山県の「子ども中心」と同様の意味を持つポリシーである。

岡山市の児童相談所と岡山県の児童相談所は、開所から現在に至るまで、児童福祉司の人事交流を継続しており、二〇一七（平成二九）年からは、岡山県の人材育成研修の内部に位置付けられた児童福祉司任用後研修を共同で開催するなど、互いのポリシーを融合させるための形態を維持し続けている。

児童相談所内の承諾

ポリシーを確認した後、児童相談所内の承諾を得た。二〇一六（平成二八）年の児童福祉法等改正を受けて、「子どもの保護及び支援にあたっては、子どもの意見表明権を保障する仕組みの検討を行うこと」が政府に求められるなど、子どもの意見表明権のあり方を巡って、児童相談所に対策を求める動きが加速化している。こうした動きの中では、子どもの権利擁護に係る第三者機関の設置も想定されている。

第三者機関の職員が子どもの意見を聴くことは、児童福祉の最前線で多忙を極める児童相談所にとって、「子どもとの関係性が出来ていない外部の人間が意見を聴くことで、子どもが不安定になるのではないか」「子どもが不安定になった場合の責任は誰が取るのか」「子どもの意見を踏まえた改善のために、多くの人手と時間を割かれるのではないか」など、子どものことを思いながらも、より一層、自分たちの業務負担が大きくなることへの不安の方を強め、活動に対する抵抗が予測される。

児童相談所内の承諾を得るためには、「子どもの意見を聴く」という最も重要な子ども支援活動を、第三者機関に委ねてしまうのではなく、児童相談所が主体性を持って、第三者機関と協働していくシステムを作ることの必要性を説明している。そして、この活動は、システム構築に向けたアクションであり、第三者機関として、一時保護所の権利制約の実態に強い疑問と危惧を抱いていた児童相談所の非常勤弁護士の協力を得て、展開していくことを提案し、弁護士からも同じ提案をしてもらっている。

また、児童相談所内の承諾を得るためには、説明をしていく職員の順序も重要になる。同僚から管理職へと順序を踏んでいく場合もあれば、人材育成研修の機会を捉えて、弁護士や学識経験者から管理職へと踏んでいく場合もある。こうした順序の踏み方は、それぞれの児童相談所の事情によって変わってくるが、いずれの場合であっても、計画的に決めてから実行していく必要がある。

岡山県の場合

先述したように、岡山県では、二〇一二（平成二四）年から開始した児童相談所の体系的な人材育成研修で、毎年必ず子どもの権利に関するプログラムを設定している。そして、二〇一八（平成三〇）年一〇月には、学識経験者と弁護士、児童相談所の所長を含む児童ソーシャルワーカーで、この活動を想定したパネルディスカッション形式の研修[6]を実施した。そのためか、この活動の実施に対する児童相談所内の抵抗はなく、むしろ前向きな反応を示している。

説明をしていく職員の順序については、一時保護所の課長を最優先にした。課長は、一時保護部門の長であり、一時保護されている子どもの処遇の第一義的な責任者でもある。課長の協力がなければ、活動自体が成り立たないため、事前準備の段階から活動メンバーにも加わってもらっている。課長は、この活動への協力を求めた際に「子どものために必要な改善であれば、一時保護所として、積極的に協力をしていく」と快諾している。

その次に、一時保護件数がもっとも多い児童相談所の所長の内諾を得た。これは、協力を依頼する子どもの人数が集中するためである。

その後、対象となる一時保護所が併設されている中央児童相談所の所長と、もう一か所の児童相談所の所長の順序で内諾を得た。そして、県内の児童相談所の所長と次長、県庁の担当課が参加する所長会議で、改めて活動の主旨説明を行い、正式な承諾を得ている。さらに、児童相談所の相談・指導部門、判定・指導部門、一時保護部門の長である課長が集まる課長会議でも承諾を得て、そこから各所の児童ソーシャルワーカーへと伝達をしてもらうようにした。

岡山市の場合

岡山市では、所長の承諾を得た後、児童ソーシャルワーカーに説明をしている。しかし、一時保護中に、自分が担当している子どもを第三者に触れられることに警戒を感じてしまう児童ソーシャルワーカーもおり、とりわけ児童心理司の理解をしっかりと得ることに腐心している。その原因は、活動メンバーが、説明する際にこの活動の主旨を十分に伝えきれず、不明確な部分が残ったままとなった点が大きかったことにある。児童相談所内の協力を得るうえでは、活動メンバーが、この活動の主旨をしっかりと理解し、明確に伝えることが重要である。

活動メンバーの選出

児童相談所内の承諾を得た後は、各児童相談所から活動メンバーを選出している。岡山県と岡山市は、共に機関の長である所長を選出し、その他の活動メンバーについても、部門の長である課長やその他管理職を務める責任者を選出することにした。このような選出をしたのは、協力を依頼する子どもたちに対して、「あなたが伝えようとしているメッセージを真摯に受け止める」という児童相談所の姿勢を示すためである。

岡山県の場合

所長

岡山県では、今回の活動の対象とした一時保護所を併設している中央児童相談所の所長の参画を求めた。所長は、児童福祉司経験を有するベテランの福祉専門職である。所長は、児童相談所の持つ権限行使と各部門の業務の統括などの役割を担う機関の長である。

一時保護所　課長

今回の活動の対象とした一時保護所の課長である。岡山県では、児童福祉司経験を有するベテランの保育士が務めている。

相談・指導部門　課長

相談・指導部門の課長である。児童相談所経験を一〇年以上有するベテランの福祉専門職であり、児童福祉司スーパーバイザーを兼務している。この活動を推進する役割を担っている。

判定・指導部門　管理職ほか

児童心理司は、二名選出している。両名とも児童相談所経験を一〇年以上有するベテランの福祉専門職である。そのうち一名は、児童相談所の判定・指導部門の管理職と児童心理司スーパーバイザーを兼務している。

岡山市の場合

所長

岡山市では、岡山県と同様に児童相談所の所長の参画を求めている。所長は、ベテランの事務職であり、所長経験を八年有している。

相談・指導部門　管理職

相談・指導部門の管理職である。児童相談所経験を一〇年以上有するベテランの事務職である。社会福祉士資格を有しており、児童福祉司スーパーバイザーを兼務している。この活動を推進する役割を担っている。

一時保護所の選定

活動メンバーを選出した後は、対象の一時保護所を選定した。全国の各自治体は、一時保護所を一か所以上設置している。この活動では、一時保護されている子どもの人数がもっとも多い一時保護所を、岡山県と岡山市で一か所ずつ選定することとした。

岡山県の場合

岡山県は、児童相談所を三か所、一時保護所を二か所設置している。中央児童相談所の一時保護所は、定員が二〇名で、児童相談所の建物の内部に併設されている。もう一か所の児童相談所の一時保護所は、定員が四名で、同じく建物の内部に併設されている。そのため今回は、中央児童相談所の一時保護所を選定している。

岡山市の場合

岡山市は、児童相談所を一か所、一時保護所も一か所設置している。一時保護所は、定員が二一五名で、児童相談所の敷地からは、一定の距離のある離れた場所に独立した状態で設置している。

協力を依頼する子ども

一時保護所を選定した後は、協力を依頼する子どもを決定している。第九章で説明しているように、今回の活動では、小学校高学年以上の子どもに協力を依頼することとした。ここでは、その経緯と結果について説明する。

二〇一八（平成三〇）年一〇月から一一月までの活動初期には、「自己の意見を形成する能力のある児童」を中学生以上の子どもと定めて、活動への協力を依頼していた。その後、結果の振り返りの中で、「自己の意見を形成する能力のある児童」の範囲や考え方について、弁護士と活動メンバーで改めて議論をした結果、小学校高学年以上の子どもであれば、相応の意見を形成する能力があると判断し、二〇一九（平成三一）年二月から、小学校高学年以上の子どもへ協力を依頼することに変更している。

子どもに協力を依頼した結果については、次のとおりである。

岡山県の場合

岡山県では、協力を依頼した、すべての子どもの協力を得ることができた。

岡山市の場合

岡山市では、協力を依頼した、すべての子どもの協力を得ることができた。しかし、その一方で、初めから協力を依頼しなかった子どももいた。具体的には、個別の処遇を受けていた一部の子どもと、児童養護施設での暮らしに馴染めずに一時保護された一部の子どもである。

一時保護所には、様々な理由で個別の処遇を受けている子どもたちもいる。例えば、音に対する過度な過敏など発達に強い特性を有しているため、共同生活空間では落ち着かない子どもや、染髪やピアス、喫煙、暴言などの非行傾向が強く、他の子どもへの影響が大きい子ども、性的虐待の疑いや被害を受けた子どもなどである。個別の処遇を受けていた一部の子どもに対して、初めから協力を依頼しなかったのは、担当の児童ソーシャルワーカーが、前述した「児童相談所内の承諾」の中で紹介した内容の抵抗を示し、活動メンバーがそれを説得することができなかったためである。ただし、性的虐待の疑いや被害を受けた子どもについては、これから警察や検察と連携した協同面接を控えている場合もあり、協力を依頼していない。これらの点については、今後、検討していく予定である。

実施場所の選定

協力を依頼する子どもを決定した後は、実施場所を選定している。実施場所は、子どもが意見を表明しやすく、秘密が守られていると感じられることが必要である。第九章でも紹介したように、この活動では「児童相談所の面接室」で行うことを原則とした。しかし実際には、前述した「一時保護所の選定」で紹介したように、岡山県と岡山市とでは、児童相談所と一時保護所の位置関係がそれぞれ異なっていることから、実施の経過の中で、岡山市は原則から離れて、一時保護所内での実施となっている。子どもになるべく自由に、忌憚のない意見を表明してもらうためには、場所の選択肢を示すなどして、本来は、子どもが選べるようにする必要がある。

岡山県の場合

岡山県は、中央児童相談所内の相談室を選定している。中央児童相談所内には、様々な広さの相談室と心理面接室、医務室などがある。選定した相談室は、廊下の端にあって、来所者の声などの影響を受けづらい場所に位置している。相談室は、六畳くらいの広さの洋室で、フローリングになっており、室内には六人掛けの机と椅子、ホワイトボードが設置してある。

相談室を選定したのは、活動メンバーが、部屋から受ける子どもへの影響を考慮したためである。例えば、心理面接室や医務室などの部屋は、使用目的が明確であり、子どもが入室すると心理検査や医師の診察をイメージしやすくなるため、選定から外している。

岡山市の場合

岡山市は、活動初期には原則に従い、児童相談所の面接室を選定していたが、一時保護所から児童相談所の面接室への移動に一定の時間を要すること、そして、そのことが返って子どもの緊張や不安を高めてしまう状況などを踏まえて、現在は一時保護所内の部屋を選定している。

具体的には、幼児が寝ている和室、面談室、食堂など、いずれも子どもが日常的に利用している場所である。その中から、子どもひとり一人の成熟度に応じる形で選定している。

和室は、二階の人通りのない場所にある。畳敷きで十畳ほどの広さがあり、主に幼児が寝ている場所として使用されている。その真ん中に背の低い丸テーブルを置いてあり、畳の上に座った状態で、子どもの意見を聴いている。面談室は、一階の出入り口の側で、子どもたちが過ごしている場所から離れている。洋室でフローリングになっており、室内には四人掛けの椅子と机がある。食堂は、一階の奥にあり、おやつ後の時間であれば、しばらく誰も入ってこない場所である。

子どもへの事前の説明

実施場所を選定した後は、子どもへの事前の説明を実施している。子どもへの事前の説明は、この活動がいつ、どこで行われるのか、そして誰が意見を聴くのかなど、子どもが十分な心構えを持て、協力するかどうか、最善の利益にかなう判断ができるように、情報提供や助言をすることを心がけて行っている。また、説明を実施する際には「嫌だったら断ってもいいよ」「面接中に嫌になったら、中断できるから言ったらいいよ」など、「意見を聴かれる子どもの権利」を行使しない権利についても丁寧に説明をしている。

この活動では、子どもへの事前の説明を二回実施している。最初は、この活動への協力について、活動メンバーが子どもの意向を確認するための説明である。二回目は、第九章で紹介した子どもの意見を聴く弁護士からの説明である。ここでは、前者について説明する。

一時保護所の記録からは、多くの子どもが、自分自身の置かれている現状や境遇を「何とかしたいし、してもらいたい」と強く願いながらも、「何も変わらない、変えられない」ことに、無力感や劣等感を感じている様子が伝わってくる。そのため、子どもへの事前の説明は、「あなたの考えを教えてほしい」「一時保護所を良くしたい」「一緒に考えたい」など、意見を聴かれることで、「役に立つ」「何かが変わる」というイメージが伝わり、子どもたちが少しでもエンパワメントされるプロセスとなるように心がけている。

岡山県の場合

岡山県では、子どもへの説明を一時保護課の課長が実施している。具体的には、「児童相談所には、時々、子どもの話を聞く弁護士が来ていて、今日はその日です。弁護士は、今、一時保護所で暮らしている子どもがどんな気持ちでいるのか、どうあったらいいなぁと考えているのかを教えてほしいなぁと思っていて、話を聞きに来るんだけど、やってみない？」といった内容である。

課長の報告によると、説明を実施した際に、子どもが抱く疑問は、大きく三つに分類できるという。ここからは、その分類とそれに対する課長の説明内容を紹介する。

一つ目は、「何も悪いことしてないのに、どうして弁護士が来るの?」である。子どもが、そのような疑問を抱いた場合には、「あなたのことを調べるのではなくて、あなたの話を聞かせてもらいにくるんだよ」と説明をしている。二つ目は、「怖い人?」である。そのような場合には、「怖がる必要はないけど、もし会ってみて、怖かったら話をやめることが出来るよ」と説明をしている。三つ目は、「男の人? 女の人?」である。こうした疑問を抱くは、女の子が多い。そのような場合には、「今日は男の人なのよ。もし会ってみて嫌だったら、話をやめることが出来るよ」と説明をしている。いずれも、この活動への子どもの協力は任意であり、子どもからやめてもよいことを知らせるようにしている。

この三つの分類の他にも、課長の印象に残っている子どもの疑問に、「絶対、話さないと駄目なの?」がある。そのような場合には、「もし、面接の時間になって、今日は話せないなぁ、話したくないなぁという気持ちになったら、ちゃんと教えてくれたら、弁護士にそのことを伝えるから大丈夫よ」と説明をしている。

岡山市の場合

岡山市では、子どもへの説明を相談・指導部門の管理職が実施している。具体的には、「今よりも一時保護所のことを良くしたい。そのために子どもの意見を聴きたい。あなたに協力してもらいたい」「弁護士が、あなたの意見を聴いて、一緒に考えていくんだよ」といった内容である。

管理職の報告によると、子どもは「弁護士」という職業に反応するという。具体的には、「聞いたことあるけど、何している人?」や「テレビドラマで、異議あり!と言っている人?」などである。子どもが、弁護士に抱いているイメージは、正義のヒーローある。

説明を実施した際に、子どもは「うん。全然、良いよ」「いっぱい、しゃべってもいいの?」など、積極的に協力する意思を示す返答が多いという。

また、子どもとのやりとりの中で、「実際に一時保護所で生活している子どもの意見が一番だと思うよ」と説明すると、大半の子どもが「そうよな」と強い共感を示している。

説明のタイミングの設定

子どもへの事前の説明を実施する場合は、説明のタイミングの設定が重要になる。本来、説明のタイミングは、子どもが意見を聴かれるまでに、一人ひとりの子どもが十分な心構えを持てるような時間を計って実施する必要がある。また、子どもへ協力を依頼する際と、協力が得られた際には、そのことを児童相談所の受理会議と援助方針会議で図るシステムの構築も求められる。

しかし実際には、それだけの時間の確保が難しく、子どもの事情を考慮しながらも、大人の都合を優先せざるを得なかったため、今後、しっかりと改善していかなければならない。

岡山県の場合

岡山県の場合、当日の朝に子どもへこの活動があることを説明している。具体的には、午前八時半に前日の夜勤者から引き継ぎがあり、それが終わって学習時間が始まる前の午前九時ぐらいの時間である。そのようなタイミングで説明をするのは、弁護士が子どもの知らない人物であり、子どもに「何だ？何だ？」という不安な思いをずっと抱えさせるのは、しんどいのではないかと考えたからである。

岡山市の場合

岡山市の場合、前の日の夜までに、子どもへこの活動があることを説明している。具体的には、午後七時から九時ぐらいの間が多くなっている。そのようなタイミングで説明をするのは、説明をする活動メンバーの業務が一段落着く時間だからである。

2. 子どもの意見を聴く段階

「準備の段階」を経た後は、実際に子どもの意見を聴くための段階（以下「子どもの意見を聴く段階」という）へと進んでいく。

意見聴取者

この活動では、子どもの意見を聴き、児童相談所の所長や部門の課長、管理職などへ伝達する役割の「意見聴取者」を弁護士に務めてもらっている。弁護士は、本書の執筆者四名で、全員が子どもの権利委員会に所属しており、児童相談所の非常勤弁護士や司法分野のスーパーバイザーなども務めている。

この活動に係る弁護士の費用は、配置日であれば、その報酬内の業務とし、それ以外の日については、法律相談の報酬での実施としている。今後、外部の第三者機関と協働していくシステムを作ることを想定するのであれば、この活動に係る費用は、すべて明確に把握しておく必要がある。

意見記録者

この活動では、子どもの意見を聴く場所に、「意見記録者」を配置している。意見記録者は、大きく四つの役割を担っている。

一つ目は、「子どもと弁護士の談話を記録する役割」である。意見記録者は、自己紹介をせず、弁護士が名前と役割を紹介する。記録の際には、録音を行わないため、子どもの発言内容や意見が、実際に子どもが話したままの言葉で再現されるように、加工修正をせず、正確に記録をしている。記録中は、弁護士から促されたとき以外、自ら発言をしない。子どもにその存在をできるだけ感じさせないように、気配を消すことを心がけている。

二つ目は、「子どもの表情や動作などの非言語要素を観察する役割」である。具体的には、非言語要素も子どもの意見として把握することと、子どもの安全とリスクに配慮することである。子どもが現す非言語要素によっては、弁護士に面接の中断のサインを送らなければならない場合がある。

三つ目は、面接全体を客観的に評価する役割である。これは弁護士が、次回に向けた改善や修正を行う参考にするため、弁護士に依頼されて、面接終了後に客観的に見た面接の様子を報告している。最後は、「面接の開始と終了を一時保護所の職員へ伝える役割」である。

岡山県の場合

岡山県は、活動メンバーである相談・指導部門の課長、判定・指導部門の管理職と児童心理司の計三名を意見記録者に選定している。実際の活動では、判定・指導部門の管理職と児童心理司の二名が意見記録者を務めている。これは、先述した二つ目と三つ目の役割を確実に担うためである。

児童相談所では、従来、意見聴取者の役割を児童心理司（心理職）が担ってきた歴史があり、観察力や面接技術に長けていることも、意見記録者に選定した理由である。

岡山市の場合

岡山市は、活動メンバーである相談・指導部門の管理職、子どもと面識のない児童福祉司を状況に応じて意見記録者に選定している。

移動の付き添い

「子どもの意見を聴く段階」では、子どもが一時保護所から児童相談所の面接室へ移動する際の付き添いが必要になる。岡山県と岡山市では、いずれも一時保護所の職員が付き添っている。

全国の一時保護所では、子どもが職員に対して、恐怖心や警戒心、敵対心といった感情を抱いている場合があると聞く。そのような場合、職員に付き添われることで、返って子どもが意見を表明しにくい状況を生むことも想定される。子どもが安心して意見を表明するためには、実施場所への移動の付き添いについても、本来は、選択肢を提示して、子どもが選べるようにする必要がある。

岡山県の場合

岡山県の一時保護所の出入口は、子どもを取り返しに来る親を遮断し、子どもの安全を守ることを目的として、電子ロックの鉄扉で閉ざしている。出入のためには、専用のカードキーなどを使用するか、執務室内に設置された制御盤での開錠作業が必要であることから、子どもが一時保護所から一旦出て、児童相談所内のエレベーターに乗り、四階にある相談室へ入るところまでは、活動メンバーである一時保護所の課長が付き添っている。そして、面接終了後は、課長が相談室まで迎えに来て、子どもと一緒に一時保護所へ戻っている。

課長の報告では、一時保護所の鉄扉が開いて一旦外に出た瞬間に、協力を依頼したすべての子どもが「あっ、出られた」とホッとした様子を見せ、その後エレベーターに乗ると再び緊張する様子が伝わってくるという。そのため、往路では、子どもが意見を表明しやすくなるように緊張を和らげること、復路では、再び一時保護所に戻る子どもが気持ちを切り替えられることを意識して付き添い、相談室の入口に着いてからは、すべての子どもに対して、「心配しなくていいからね」という言葉をかけ、相談室を出るときには「言いたいことは、言えた?」「よく頑張ったね」という言葉をかけるようにしている。

岡山市の場合

岡山市は、子どもが一時保護所内の実施場所へ移動するまで、一時保護所の職員が付き添い、その後、意見記録者が弁護士を引率して実施場所へ入っている。そして、面接終了後は、子どもが自ら日課に沿った場所へ戻り、意見記録者は弁護士を引率して一時保護所を出ている。

一時保護所の職員の報告では、面接の実施前後の子どもの様子に変化はないとのことである。

座る位置

一時保護所の職員が付き添い、実施場所へ移動した後は、子どもと意見聴取者、意見記録者が座る位置を設定する。座る位置によっては、子どもが緊張したり、親しみを感じたりと気持ちが変化する可能性があるため、それを考慮したうえで、子どもに選択してもらう必要がある。

岡山県の場合

岡山県は、相談室に設置してある四人掛けの机に、子どもと弁護士が正面に向かい合って座っている。相談室には、弁護士が先に入室していることから、子どもが座る椅子は、あらかじめ決まっているが、椅子の位置を弁護士の正面にするのか、左右斜めに向かいにするのかなどは、子どもが選択している。

意見記録者は、子どもと弁護士が座る位置を決めた後で、子どもの視界に入らない側の部屋の角に椅子を置いて座るようにしている。

岡山市の場合

岡山市は、実施場所が面談室などの洋室の場合は、岡山県と同じ手順となる。実施場所は、基本的に和室であり、時にはテーブルもない場合や、座布団だけの場合もある。

子どもが待っている場所に弁護士が入るため、子どもが先に自分が座りやすい位置を選択し、弁護士はそれに合わせて座っている。子どもと弁護士、記録者は、お互い自由な位置に、自由な距離感を保ちながら座っている。

また、弁護士が、持参したパソコンで子どもに一時保護所のルールを見せながら、意見聴取を行うこともあり、子どもが画面を見るために、弁護士の横へ座る場合もある。

一時保護所からの報告

弁護士との面接が終了して、子どもが一時保護所へ戻った後、一時保護所の職員が子どもの変化を観察して、活動メンバーへ報告をしてもらっている。これは、面接の影響で、子どもが不安定になったり、体調不良を訴えたりしていないか確認するためである。子どもの安全とリスクに配慮するため、こうした面接終了後の確認は欠かせない。

また、一時保護所の職員には、子どもや意見記録者に対して、「何を聴かれたのか」「どのような話があったのか」など、面接の内容を尋ねないように依頼している。なぜなら、弁護士が第三者であることや自分のことを知らない立場であるからこそ、子どもは安心して意見を表明していることが想定されるため、子どもの了解を得ないまま、それらを一時保護所の職員が知っているとすれば、この活動を勧めたことが原因で、子どもが大人を信用できなくなることに繋がりかねないからである。

3．子どもの意見を活かす段階

この活動では、「意見を聴く段階」を経て表明された子どもの意見で、子どもの希望があったものを「意見聴取者」である弁護士から、児童相談所の所長や部門の課長、管理職、担当の児童ソーシャルワーカーなど該当する職員へと伝達し、問題解決の重要な要素の一つとして考慮したうえで、改善に取り組む段階（以下「子どもの意見を活かす段階」という）へと進んでいく。

「子どもの意見を活かす段階」では、子どもの意見に基づく問題解決に向けた検討結果と、その中で子どもの意見がどの程度考慮されたのか、子どもに説明をしていく必要がある。

正式な記録の作成

「子どもの意見を活かす段階」では、意見記録者が、「意見を聴く段階」で記録した子どもと弁護士の談話の内容を、きちんと整理していくプロセスを経て、子どもが意見をまとめる力があるかどうかを評価したうえで、正式な記録としている。正式な記録の作成では、第九章で紹介した問答形式で記録する方法（Q＆A方式）を採用している。

活動初期には、子どもが話した言葉を正確に記録することを軸に、面接全体の内容を箇条書きで一括した形で記録する形式を採用していたが、現在はQ＆A方式へと変更している。そして、記録の最後には、面接を通じた子どもの様子をまとめて記載している。

意見記録者によっては、子どもや弁護士の問答の後に「頷く」や「少し考えている様子」など、行動観察を入れている記録もある。そのようにQ＆A方式に行動観察が加わることは、子どもと弁護士の談話のプロセスから、どのようにして子どもの意見が形成されてきたのかを把握することに役立っている。

記録の整理

記録の整理は、意見記録者と意見聴取者が行っている。まず、意見記録者がQ&A方式に記録を整理する。その後、意見聴取者へメールで送付し、内容の確認を依頼する。子どもが記録することに同意をしていない内容は、この作業の過程で確実に削除している。

「意見を聴く段階」では、面接の終了時に意見聴取者から子どもへ「あなたの意見は○○と○○ということでよいですか」など、口頭で意見の確認を実施しているが、本来は、子どもに整理した記録の内容を見せながら、改めて意見を確認する必要がある。

記録の管理

記録の整理が終わると、意見記録者が子どもの名前をイニシャル化し、個人が特定されるような情報をアルファベット表記にするなど、すべての加工を施した後、記録を加筆修正が出来ないファイル形式へと変換する。そして、子どもの同意が得られている記録だけを活動メンバー間で共有し、プリントアウトした後は削除するなど、各自で厳重な管理を行っている。今後は、記録の管理のあり方について、統一的なルールを設定する必要がある。

また、現在、児童相談所の児童記録には、意見聴取が行われた事実と子どもの希望があった内容の記録だけを残すようにしているが、元来、子ども自身が児童相談所に自分の児童記録が存在していることを知らされていないことから、その点の説明も含めて、再検討していくことが必要である。

子どもの意見への対応（児童ソーシャルワーカーの場合）

子どもの意見は、問題解決の重要な要素の一つとして考慮したうえで、改善に取り組むことが必要である。そのため、子どもの同意が得られた場合に限り、児童相談所の所長や部門の課長、管理職へ記録を回覧して周知するようにしている。

また、子どもから担当の児童ソーシャルワーカーへ伝えてほしいと希望のあった意見は、意見聴取者から直接担当の児童ソーシャルワーカーへ口頭で伝える場合と、意見記録者から担当の児童ソーシャルワーカーへ記録の該当部分を見てもらう場合がある。どのような方法でそれを行うのかは、子どもと話し合って決めている。

協力を依頼した子どもの中には、意見記録者から担当の児童ソーシャルワーカーへと意見が伝わり、すでに決定されていた一時保護後の暮らしの場所が変更になった子どももいた。第九章で紹介した②中一男児である。子どもは、意見聴取者との面接を通じて誰にも言っていなかった自分の性格のことを開示し、受け止めてもらえたことで、自信を持つことができ、自ら担当の児童福祉司へそのことを開示している。そこから、担当の児童福祉司と話し合いを重ねて、結果的に意見が活かされる支援方針へと変更になっている。

子どもの意見への対応（一時保護所の場合）

子どもの同意が得られた一時保護所の生活に直結する意見は、翌朝の一時保護所内の引継ぎの会議で、一時保護所の課長から他の職員へと報告している。そこで課内協議を行い、即日対応可能な意見については、すぐに改善に取り掛かり、改善できたものについては、協力を依頼した子どもへ伝えている。

即日対応が困難で、中長期的な検討が必要な意見については、児童相談所の幹部会議で優先順位と手立てを考えて、改善ができるようにしている。そうした意見については、協力を依頼した子どもが、すでに施設や里親などでの暮らしを始めている場合や、地域での暮らしに戻っている場合もあり、改善できた内容をどのようにして伝えていくのか、今後の検討が必要である。

4．必要な手続きを紹介する段階

この活動では、一時保護所を対象としているため、とりわけ一時保護そのものや一時保護後の処遇などの児童相談所が決定した方針と、協力を依頼した子どもの意見が相反する場合が想定される。そのような場合は、苦情解決に向けた「必要な手続きを紹介する段階」へと進んでいく。

現行の制度でも、子どもが児童福祉審議会へ連絡や相談ができるが、一時保護中に子どもが自由に外部へ連絡を取ることはできないことから、岡山県と岡山市では実績が無い状態である。今後は、この活動を踏まえて、それが可能となるシステムの構築が求められる。

一時保護の決定に納得していない子どもを優先

この活動では、一時保護の決定に納得していない子どもへ優先的に協力を依頼している。虐待などの理由による一時保護の決定は、親の同意はもとより、子どもの同意も要件にはなっていないため、児童相談所は、子どもが嫌がっていても、子どもの安全の確保のためには、一時保護せざるを得ない。その結果、一時保護所には、児童相談所の決定に納得していない子どももいる。本来、この活動は、そうした子どもにこそ協力を依頼する必要があるが、今回対象とした年齢の子どもであれば、一時保護所から児童相談所の面接室へ移動する途中で、無断外出を試みようとすることなどが想定されるため、実際に協力を依頼することを躊躇する子どももいた。しかし、児童相談所の決定に納得していない子どもでも、日時の経過とともに、少しずつ落ち着きを取り戻していくことが多く、時期をずらして実施するなどの工夫をすれば、担当の児童ソーシャルワーカーの説明の仕方など、改善に取り組むための貴重な意見を聴くことができている。

退所予定の子どもを優先

この活動では、一時保護の決定に納得していない子どもに続いて、近々一時保護所を退所する予定の子どもへ優先的に協力を依頼している。その理由は、児童相談所が決定した方針について、協力を依頼した子どもから担当の児童ソーシャルワーカーへ「本当はこうしたいんだ」と意見を表明することができているのか確認するためである。

虐待などの理由で一時保護されている子どもは、生まれ育った地域で、再び親や家族・親族と一緒に生活することになるのか、見ず知らずの地域で、施設や里親などの元での生活になるのか、このいずれかに大別される。そのため、子どもたちは、親が虐待に該当する言動を改めたり、暮らしを立て直したりするなどして、再び親や家族・親族の元で生まれ育った地域での生活に戻れることを期待したり、時には諦めたりしながら、吉報を待ち続けているという実態がある。

また、近々一時保護所を退所する予定の子どもの中には、自分が思ったような方向の処遇が決まった子どももいれば、思ってもいない方向の処遇になることが決まった子どもも含まれている。こうした子どもの意見を、第三者である意見聴取者が、改めて聴く機会を優先することで、児童相談所が決定した方針に対して苦情の声を上げられる機会を確保するためである。

長期化している子どもを優先

この活動では、近々一時保護所を退所する予定の子どもに続いて、一時保護が長期化している子どもへ優先的に協力を優先している。その理由は、協力を依頼した子どもが、「これから自分はどうなるのだろうか」など、児童相談所の支援方法に対して強い不安を抱えており、担当の児童ソーシャルワーカーへそのことを伝えることができているのか確認するためである。

必要な手続きの紹介

この活動における弁護士の役割は、意見聴取者であり、子どもの意見を代理人的に代弁したり、実現したりする立場ではない。今までのところ、一時保護そのものや一時保護後の処遇などの児童相談所が決定した方針と、協力を依頼した子どもの意見が相反する場合はないが、今後、そのようなことが生じたら、児童福祉審議会へ連絡や相談する方法を説明したり、自分の代理人を選任したりするための具体的な方法について案内するなど、必要な行政的・司法的手続きについて紹介する必要がある。

現状では、聴取者である弁護士が子どもへ名刺を手渡して、一時保護中であっても、退所してからでも、いつでも連絡が取れることや、その方法について、子どもへ丁寧に説明をすることで、必要な行政的・司法的手続きの紹介も含めて、協力してくれた子どもへのフォローを実施している。

注

（1）四段階の設定や取組内容の検討にあたっては、国連子どもの権利委員会一般的意見一二号（二〇〇九年、日本語訳・平野裕二）を参考にしている。

（2）岡山県が開発したアセスメントツールは、親と子どもの暮らしを支えているすべての関係者が共通に使えるアセスメントツールで、多様な支援ニーズ（虐待やネグレクトを含む）を持つ、〇歳から一五歳までの子どもを対象として、親を中心としてではなく、子どもの最善の利益の確保という観点から、子どもが置かれている状況を判断するための目安とすることができ、今後の支援目標を親と一緒に設定することもできる内容の『「子どもが心配」チェックシート』（二〇〇九年）、『「子どもが心配」チェックシート［平成二二年度改訂］』、『「子どもが心配」チェックシート（パンフレット版）』（二〇一一年）がある。また、支援を必要としている、これから生まれてくる子どもから一六歳以上の子どもを対象に、「子どもの育ちのニーズ」が、「親の養育力」と子どもを取り巻く「家族や環境要因」の相互作用によって、現在どのように満たされているのかを包括的にアセスメントを行う『子どもの育ちのニーズシート』（二〇一四年）等もある。

（3）高橋真一『麦の一穂を　高橋慈本の歩いた道』一三頁（悲眼院、一九七七年）で、高橋慈本は、「子供には子供の世界がある。大人には大人の世界がある。大人の世界を尊重すると同じように、平等性にたって子供の世界を尊重しなければいけない。本当に自分の生命を相続してくれる子孫をつくるには、小さい時から、本当の正しさ、穢れのない、高い、輝きにみちた理想をもって保護指導してやることが、大人が児童の世界を尊重し、大人の世界と平等に扱っていくということになるのです。物を毀しても、大人の考えで、これは自分には大切なものだからといって直ぐ怒る。しかし子供は大人の思うような考えでみていない。子供にも毀す理由があるということを考えてみなければいけない。自分の子供だといって、呼び捨てにしてはいけない。子供の人格を尊重し、子供の世界の平等性を認めて指導することに、自分の子孫を愛し念ずる親の義務があると思う。一切は皆な仏性をもっているものだからである。」と親子の関係について説いている。

（4）坂本時雄『日訓』一九五〇年二月二一日付（岡山県成徳学校、一九四九〜一九五〇年）「『こどもの為に』「「子供の幸福」を使命とするわれわれは、第一にこどもの為にどうかを眞劍に考へて見る必要がある。自分の為に若干都合がわるくても、よろこんで子供のことを優先的に遂行したいものだ。過去はとも角、今日から必ず、この観点に立って實践しよう。」と記している。これは、初代の岡山県中央児童相談所長であった坂本時雄が、岡山県成徳学校長時代に、毎日、ガリ版で訓示を書き、朝礼時に職員へ配布していたと伝えられているものの一枚である。

（5）岡山県中央児童相談所『紀要 第一輯』二頁（岡山県中央児童相談所、一九五三年）の「紀要について」と題した巻頭文で、当時の岡山県中央児童相談所長であった竹内道眞は、「（略）ところで、現在子供達の生命は、何を呼び、何を求め、何を苦しみ、何をなげいているだろうか。吾々はまづそれらを知らなければならない。子供の生命にぢかにぶつからなければならない。そして、ともに泣き、ともに苦しみ、ともに怒り、ともに努めたい。そうすることが、そうした大人のあり方が、子供の幸福につながっておるのではあるまいか。」と児童相談所のあり方を説いている。

（6）岡山県福祉相談センター他『岡山県児童相談所職員研修報告書 第七集』八八－一一一頁（岡山県福祉相談センター他、二〇一九年）「岡山県の児童相談所はどうあるべきかⅡ～「子ども中心」の岡山県の実現に向けてⅡ」と題して、子どもの権利擁護と最善の利益を考え、石倉弁護士、奥野弁護士と児童相談所長等とで、一時保護を取り上げてパネルディスカッションを実施している。本書の「はじめに」で紹介した子どもから見た一時保護所の役割は、その際、北海道大学教育学研究院の教授である松本伊智朗 氏のコメントを参考に作成している。ちなみに二〇一六年に開催された第一回のパネリストは編者の小野善郎 氏である。

終章　児童相談所が子どもたちから学んだこと
――「意見を聴かれる子どもの権利」の実現に向けて

一時保護所を対象とした「子どもの意見を聴く」活動は、事前に想定していたとおり、児童相談所内部の児童ソーシャルワーカーが抵抗を示すという現実から出発している。そのため、この活動は、結果的に児童ソーシャルワーカーの意見に引きずられながら、開始することになった。従って、初めから協力を依頼しなかった子どもの存在や子どもが選べない実施場所の選定、活動メンバーの都合を優先した子どもへの説明のタイミングなど、手立ての多くで活動を貫くポリシーである「子ども中心」や「Child First」の視点に立つことが出来なかった。

つまり、この「子どもの意見を聴く」という最も重要な子ども支援活動においても、子どもの意見より、支援者（大人）の意見が優先されてしまったのである。

しかしながら、この活動を継続していく中で、子どもの意見を児童相談所内部の児童ソーシャルワーカーへ伝えていくことによって、その内容に感動して「意義深い活動だ」と認識が変化してきており、支援者（大人）自身が、子どもの考え、気持ち、希望に理解を深め、一人残らず自身が支援しているすべての子どもの意見を聴くことの重要性に気づき、自身の実践を振り返るようになってきている。現在では、児童相談所が「意見を聴かれる子どもの権利」の実現に向けて、この活動からの学びは大きいことを実感している。

この章では、この「子どもの意見を聴く」という子ども支援活動を通じて、児童相談所の活動メンバーが子どもたちから学んだことの一部を紹介する。

1. 大人中心の児童相談所

児童相談所の児童ソーシャルワーカーは、アセスメントのための調査や仮説の実証、児童相談所が決定した援助方針の履行など、様々な意図を持って相談援助活動を主導している。それは、子どもとの面接場面であっても同様である。児童ソーシャルワーカーは、子どもとの面接場面において、子どもの話を聴き、その行動を観察し、子どもの意見を取り入れるように努めている。そのため、子どもが表現するすべてを漏らさず受け止めるように心がけ、それを自分自身の内面に照らして、「子どもは、自分との関係性の中で話をしているのだろうか」「子どもは、本心を打ち明けているのだろうか」「子どもは、援助方針を受け入れてくれるだろうか」など、様々なことに思いを巡らしながら、子どもを理解していく。

一方、この活動における児童ソーシャルワーカーは、活動メンバーであり、その役割は「意見記録者」である。意見記録者の役割に徹することは、児童ソーシャルワーカーを普段の役割から解放し、子どもと「意見聴取者」である弁護士との談話を観察することに意識を集中させる。そこから見える子どもの姿は、児童相談所の会議等で担当の児童ソーシャルワーカーが行う報告や、児童記録から見える姿とは異なっていることに気付かされる。

例えば、担当の児童ソーシャルワーカーが「口数が少なく、初対面の人と話をすることが苦手」と評価している子どもが、弁護士の問いかけに、しっかりと応えて自分の意見を表明する姿や、「いつも周囲の大人を振り回すような嘘ばかり付く」と評価されている子どもが、事実を踏まえて、自分の意見を表明する姿を目の当たりにするのである。当然のことながら、子どもが弁護士へ抱いているイメージや、子どもと弁護士との関係性、弁護士の質問の仕方などの影響を受けて意見を表明している可能性を考慮したとしても、この活動で見せる子どもの姿は、児童相談所が評価している姿とは異なる場合が多いことに気づかされる。

また、協力を依頼した全ての子どもが、弁護士という子どもにとって未知の世界の人間で、無関係な第三者との面接の中で、丁寧にしっかりと意見を表明していることにも驚かされる。そして、その面接の中で、子どもが語る言葉から、「この子どもには、こういう力があるんだ」とか、「この子どもは、こういう生活をしてきたんだ」「この子どもには、こういう世界があるんだ」と新たな子どもの姿を発見することが出来たのである。

この活動から見える子どもの姿が、児童相談所の評価と異なることや、新たな姿であることを発見するのは、児童相談所の相談支援活動が、大人中心になっている影響が大きいのではないだろうか。児童相談所を訪れる子どもの多くは、親や家族、警察や児童ソーシャルワーカー等の大人によって、事情がわからないまま連れて来られている。そうした子どもに対して、児童ソーシャルワーカーは、面接の前提となる目的や意図、場所や時間の設定について、子どもが理解できるように丁寧にわかりやすく説明をしながら、子どもの都合に合わせて実施しているだろうか。親や家族、関係機関の支援者など、大人の都合に合わせて設定することが大半ではないだろうか。この活動を通じて、児童相談所が、その事実に鈍感になっていることを子どもから学ぶことが出来た。今後は、児童相談所の児童ソーシャルワーカーが行う相談支援活動が、本当に「子ども中心」と「Child First」を実現できるように、子どもたちと共に確実に改革を進めていかなければならない。

2．大人の意図や解釈で作成された記録

この活動では、「意見記録者」である児童ソーシャルワーカーが、記録を整理していくプロセ

スからも、子どもをよりよく理解することへと繋がる、様々な気づきを得ることが出来た。

例えば、子どもと弁護士の談話が噛み合っていない印象を受けた面接の記録を整理して概観すると、子どもが語る断片的な暮らしのエピソードの一つひとつが、実は全体を通して繋がった意味のある内容であり、その子どもの暮らしを背景にした意見であることに気付かされることがあった。また、面接が開始された早い段階で子どもが話していたエピソードが、最後に表明した意見と繋がっており、談話全体を通じた関連性を見ることで、改めて子どもの暮らしが浮き彫りになることもあった。

児童相談所の相談援助活動では、多くの場合、面接を終了した後で、面接者である児童ソーシャルワーカー自身が記録を作成している。前述したように、児童ソーシャルワーカーは、面接場面で様々なことに思いを巡らしている。そのため、子どもの言葉を正確に把握するよりも、自分自身が知りたい内容の把握に、意識を向けがちになる。そうして作成された記録は、児童ソーシャルワーカーのフィルターを通して、記憶に残ったエピソードを繋ぎ合わせた内容や、自分自身が知りたい内容など、支援者側（大人）の意図や解釈で作成されたものであることに改めて気づかされた。

この活動では、児童ソーシャルワーカーが意見記録者の役割を担っている。意見記録者は、子どもと弁護士の談話内容と行動観察を記録するため、普段の相談援助活動の記録とは異なり、ありのままを記録する。そして、その記録を整理していくプロセスを通じて、面接場面では見えなかった子どもの意見を発見することができるのである。そのようにして発見された子どもの意見は、子どもそのものが表われていると言っても過言ではない。この活動を通じて得られたこうした気付きを踏まえて振り返ると、児童相談所は、これまで本当に子どもの意見を聴くことが出来ていたのかと反省させられる。今後は、この活動を主体的に展開していき、第三者機関と協働することで、子どものための記録を作成していく必要性を強く実感させられている。

3．子どもに忖度されている児童相談所の方針

この活動に協力を依頼した子どもたちの多くは、弁護士からの問いかけに対して、親やきょうだい、拡大家族、教員等の関係者、担当の児童ソーシャルワーカーといった支援者（大人）の意図を忖度しながら、児童相談所が決定した方針を受け入れようとしていた。

例えば、ある子どもは、弁護士からの問いかけに対して、「担当の○○さん（児童福祉司）は、忙しい中で自分のことを一生懸命考えてくれていると思う。だから自分の本当の気持ちは言えない。だって言ったらショックだと思うから」と答えていた。一方、児童福祉司は、自分が担当している子どもが、そうした想いに苛まれていることにまったく気付いていない。この活動では、そのような場面に出会う機会が多く、同じ児童相談所の児童ソーシャルワーカーである自分自身

の相談支援活動を振り返り、「子どもの想いや考え、その意見をわかったつもりになっていたのではないか」という不安と後悔の念が頭を過る瞬間に何度も出会うのである。

子どもは、担当の児童ソーシャルワーカー以上に、自分自身が置かれている状況をよく理解している。そして、自分自身の暮らしを取り巻いている支援者（大人）の意図を忖度して、児童相談所が決定した方針を受け入れているのである。この現実を、しっかりと自覚して、子どもと一緒に考える姿勢や、子どもから学ぶ姿勢を持って、日々の相談援助業務に臨まなければならない。

4．子どもと向き合う姿勢の再確認

この活動では、意見聴取者である弁護士は、子どもに自己紹介をする際に名刺を手渡している。名刺は、通常の弁護士活動で使用するものであり、子ども向けに作成しているものではない。自己紹介が済むと、子どもは弁護士から「一時保護所を良くするために協力をしてほしい」と頼まれる。意見記録者として、その一連のやりとりを見ていると、子どもたちは、「この人たちは、私の意見を蔑ろにしないんだ」とか、「この人たちは、私の意見を意味があるものとして聞いてくれているんだ」などと、感じていることが伝わってくる。その後、子どもは弁護士から実際に意見を聴かれている。

面接が終わると子どもは、別れ際に弁護士から「何でもいいから、困ったことがあったら、いつでも連絡しておいで」と声をかけられる。一時保護所の課長の話によると、声をかけられた子どもは、自分がとても強くなった気がして、一時保護所に戻ってから、名刺をかざして、まるで魔法のカードをもらったように喜んでおり、その様子から子どもが「自分は尊重されている」という印象を受けているのではないかという。これは、本来、児童ソーシャルワーカーの役割ではないだろうか。

この活動では、第九章で紹介したように、意見聴取者である弁護士は、その目的を明確にして、丁寧に子どもへ説明している。そうすることは、「私はあなたと向き合って、あなたの意見を聴かせてもらいます」という姿勢を伝えることになり、子どもに安心感を与えている。子どもである自分にきちんと向かい合ってくれる大人がいるという事実を伝えることは、子ども自身が「尊重されている」という気持ちが持てるための大切な要素の一つであり、子ども自身の価値を高めることに繋がっている。また、「言いたくないことは言わなくてよいし、疲れたらやめてもいい。あなたは自由です」というメッセージを伝えることも、子どもが最後まで安心して話をするためには、大きなポイントである。

児童相談所の児童ソーシャルワーカーは、相談援助活動を行う際に、一連の説明を丁寧に行い、子どもと向き合う姿勢を示しているだろうか。今後は、児童相談所が行う子ども支援活動において、それを点検し、実践していかなければならないことを再確認している。

おわりに

戦後まもなく成立した児童福祉法にもとづいて、一九四八（昭和二三）年に児童相談所が設立されて以来、児童相談所はその時どきの児童福祉の課題に向き合い、試行錯誤を繰り返しながらもその役割を果たしてきた。その結果、児童相談所は根拠法と名称は同じであっても中身はまったく別物といえるほどに大きく変わり、現在では児童虐待対応の専門機関としての役割が重視されるようになった。しかし、児童相談所に求められる児童福祉の課題は変化しても、児童福祉法に基づく児童福祉制度の基本的枠組みは戦後七〇年以上にわたって一貫しており、現在の児童虐待の防止と対応も児童福祉の課題として取り組まれている。

この日本の児童虐待への対応は世界的にユニークなもので、アメリカの児童保護局のような児童虐待防止に特化した公的機関を持たないことが最大の特徴といえる。あくまでも全般的な児童福祉の中で児童虐待にも対応しており、近年の児童虐待相談対応件数が急増する事態においても、児童虐待対応の専門機関を新たに設置するのではなく、児童虐待の防止と対応の責任は児童福祉の実施機関である児童相談所に委ねられてきた。

それは日本が世界の児童虐待対応の「進化」から取り残されたガラパゴスというわけではなく、包括的な児童福祉制度として児童虐待にも対応する欧米とは異なるアプローチを貫いた結果であり、むしろ独自の進化をしてきたと言ってもいいのかもしれない。それどころか、現在の介入的な児童虐待対応の本家であるアメリカが、本書執筆中の二〇一九（令和元）年六月に連邦法を改正し（Stronger Child Abuse Prevention and Treatment Act）、介入から予防へと大きな政策転換をしたことは、児童虐待対応の流れはむしろ日本型の児童福祉に向かっていることを予感させる。

とはいえ、近年の児童虐待相談対応件数の急増や悲惨な児童虐待事例を契機とした社会的関心の高まりのなかで、児童虐待対応の現場ではリスクがあれば躊躇なく子どもを保護することが推奨され、子どもの保護が過度に強調されるようになってきたことで、伝統的な児童福祉のあり方が揺らいできている。たしかに、子どもの安全を確保することは重要ではあるが、その手段としての一時保護は子どもの生活に相当な制約を強いることになり、児童福祉の現場には戸惑いや葛藤が広がっている。とりわけ、児童相談所の機能強化の流れの中で、児童虐待対応の現場に外部から加わる医師や弁護士などの専門職の目には、一時保護された子どもの処遇には大いなる懸念は禁じ得ない。

子どもへの支援において、子どもは独立したクライエントではない。子どもには保護者がいて、最終的な決定権は保護者が握っているので、どんな支援をするにしても保護者の意向が大きく影響する。それは児童虐待も含めた児童福祉の活動でも同じである。ただ、児童虐待への対応では、ソーシャルワーカーの労力の大半は保護者に向けられ、本来の支援の主役である子どもの存在が薄れてしまいがちになる。さらに、いったん子どもが一時保護されれば一時保護所はまるで児童相談所のバックヤードのような場所になり、虐待対応の表舞台から子どもの姿は消し去られてしまいやすい。

そんな一時保護所で医師や弁護士などの専門職が子どもと関わるのはけっこう大変なことである。親からの情報なしで子どもを評価することの難しさに加え、親の協力がないことで支援の選択肢も限られる。一時保護された子どもたちは、保護者から分離された不確かな存在であり、自分では何も決められないし、情報が遮断されて何もかもが保留された状態で、いたずらに時間だけが流れていく。そんな子どもを目の前にして、専門職として無力感に苛まれることも多い。児童相談所の機能強化として専門職の配置が拡大され、医師や弁護士の役割に期待が高まる一方で、専門性を十分に発揮するためには、さまざまな懸案を解決する必要がある。

慌ただしく児童虐待対応に追われていると、いつしか視野狭窄を起こして忘れ去られてしまうことがある。灯台下暗し——子どもの権利を守る児童福祉の最前線の児童相談所で、はたして子どもの人権が守られているだろうか。一時保護所の子どもたちを見ていると、そんな疑問が生じてきて、それはやがて児童相談所への怒りになることさえある。外部の目から見ればごく当たり前の疑問や懸念が、子どもを虐待から守ることを委ねられた児童相談所の現場では燻り続けている。

専門職として「子どものために働く」ためには、子どもから信頼される支援者にならなければならない。そのためには子どもとの十分なコミュニケーションは必須であり、しっかりと子どもの気持ちを受け止めることが、その後の支援のベースになる。スタートからボタンの掛け違いがあれば、どんな支援も空回りになりかねない。虐待からの保護、ケア、支援の起点となる一時保護は重要であることは言うまでもないが、もっとも外部の目に触れにくい一時保護所での子どもの処遇については実質的な議論が長らくされないままだった。児童虐待への対応として一時保護の件数が増加するだけでなく、保護期間が長期化し続ける現状にあって、子どもの人権にかかわる議論をこれ以上先延ばしにすることは許されない。

とはいえ、児童相談所の現場から声を上げて行動を起こすことは簡単なことではない。それでも岡山県と岡山市の児童相談所は、この問題について積極的に職員研修で取り上げ、精神科医や弁護士を巻き込んだ議論を繰り返して、具体的な対応策として子どもの意見表明権を保障する取り組みに挑戦することになった。ただでさえ虐待対応に追われて多忙をきわめる児童相談所の職員が、手間のかかる弁護士の面接に協力してくれたのは、一時保護された子どもの現状に対して何とかしなければという思いを共有していたからだろう。

この取り組みに関わることができたのは、著者一同にとって貴重な経験だった。面接の実施に理解と協力をいただいた児童相談所職員や弁護士の皆さんに敬意を表するとともに、何よりも面接に応じてくれた子どもたちに感謝しなければならない。彼らの語りは子ども自身の意見の重要性をあらためて証明してくれた。子どもたちの意見をしっかりと受け止めることで、日本固有の児童福祉としての虐待対応がこれまで以上に子どもの人権に配慮したものに発展していくことを期待したい。

令和元年一二月

小野善郎

［執筆者一覧］

薬師寺 真＊はじめに、第 11 章、第 12 章、編者

編者紹介を参照。

小野善郎＊第 1 章、第 2 章、おわりに、編者

編者紹介を参照。

佐藤靖啓（さとう・やすひろ）＊第 3 章、第 7 章、第 11 章

岡山市こども総合相談所相談・措置課、相談担当係長。1999 年 4 月岡山市に行政職として入庁。家庭児童課、都市計画課を経て、2007 年 4 月〜 2009 年 3 月まで岡山県中央児童相談所に派遣、2009 年 4 月より岡山市の政令指定都市移行に伴い設置された岡山市こども総合相談所（児童相談所）に配属となり、児童福祉司として勤務。2018 年 4 月より現職。

奥野哲也（おくの・てつや）＊第 4 章、第 9 章、第 10 章

弁護士。2007 年神戸大学法学部卒業、2009 年神戸大学法科大学院卒業、司法試験合格、2010 年弁護士登録（司法修習 63 期、岡山弁護士会所属）、クオーレ法律事務所入所、2013 年神戸大学大学院法学研究科助教、2015 年岡山ひかり法律事務所入所。

土方彬弘（ひじかた・あきひろ）＊第 5 章、第 9 章、第 10 章

弁護士。2013 年岡山大学法学部卒業、2015 年弁護士登録（司法修習 68 期、岡山弁護士会所属）、同年吉備総合法律事務所入所。2018 年〜岡山県中央児童相談所非常勤弁護士、岡山市こども総合相談所非常勤弁護士。

中濱孔貴（なかはま・こうき）＊第 6 章、第 9 章、第 10 章

弁護士。2008 年岡山大学法学部卒業、2011 年岡山大学法科大学院卒業、2012 年弁護士登録（司法修習 65 期、岡山弁護士会所属）、同年森脇法律事務所入所、2018 年おかやま駅前法律事務所開設。2019 年〜岡山県中央児童相談所非常勤弁護士、岡山市こども総合相談所非常勤弁護士。

石倉 尚（いしくら・たかし）＊第 7 章、第 8 章、第 9 章、第 10 章

弁護士。2005 年一橋大学法学部卒業、2007 年一橋大学法科大学院卒業、司法試験合格、2008 年弁護士登録（司法修習 61 期、岡山弁護士会所属）、同年田野法律事務所入所、2012 年弁護士法人後楽総合法律事務所開設と同時に同法人の社員に就任、2018 年岡山ひかり法律事務所入所。

青井美帆（あおい・みほ）＊第 11 章

岡山県中央児童相談所子ども支援課心理支援班総括主幹（班長）。児童心理司。2001 年に岡山県へ選考職（福祉専門職）として入庁。岡山県中央／倉敷／津山児童相談所の児童心理司及び児童福祉司、岡山県福祉相談センターの企画部門担当、県庁の児童虐待・里親事業担当として勤務し、2019 年 4 月より現職。

[編著者紹介]

小野善郎（おの・よしろう）

和歌山県精神保健福祉センター所長。精神保健指定医、日本精神神経学会精神科専門医、日本児童青年精神医学会認定医、子どものこころ専門医。和歌山県立医科大学卒業。ひだか病院精神科医員、和歌山県立医科大学神経精神医学教室助手、和歌山県子ども・女性・障害者相談センター（和歌山県中央児童相談所）総括専門員などを経て、2010年4月より現職。近著に『思春期を生きる－高校生、迷っていい、悩んでいい、不安でいい』（福村出版）『続・移行支援としての高校教育―大人への移行に向けた「学び」のプロセス』（福村出版）、『ラター児童青年精神医学【原書第6版】』（明石書店）など。

薬師寺 真（やくしじ・まこと）

岡山県保健福祉部 子ども家庭課 児童福祉班 総括参事（班長）

1993年に岡山県へ選考職（福祉専門職）として入庁。福祉型障害児入所施設のケアワーカー、精神科病院のソーシャルワーカー、県庁の児童虐待・ＤＶ防止事業担当、岡山県福祉相談センター（中央児童相談所／身体・知的障害者更生相談所／女性相談所）の企画部門担当、児童相談所（通算16年）の児童福祉司スーパーバイザー、虐待対応班長、児童心理司として勤務し、岡山県津山児童相談所子ども支援課 課長を経て、2019年4月より現職。

児童虐待対応と「子どもの意見表明権」
一時保護所での子どもの人権を保障する取り組み

2019年12月25日　初版第1刷発行

編著者　小野善郎
薬師寺真
発行者　大江道雅
発行所　株式会社 明石書店
〒101-0021 東京都千代田区外神田 6-9-5
電　話　03（5818）1171
FAX　03（5818）1174
振　替　00100-7-24505
http://www.akashi.co.jp
装幀　明石書店デザイン室
編集／組版　有限会社閏月社
印刷／製本　モリモト印刷株式会社

（定価はカバーに表示してあります）　ISBN978-4-7503-4952-7